润德育人 活动养成

小学德育实践活动的探索与实践

唐华英 —— 著

文匯出版社

图书在版编目（CIP）数据

润德育人　活动养成：小学德育实践活动的探索与实践 / 唐华英著. — 上海：文汇出版社，2024.6.
ISBN 978-7-5496-4254-0

Ⅰ.G621

中国国家版本馆CIP数据核字第2024JY2756号

"新师说"书系

润德育人　活动养成
——小学德育实践活动的探索与实践

作　　者 / 唐华英
责任编辑 / 张　涛
封面装帧 / 智　勇

出 版 人 / 周伯军
出版发行 / 文匯出版社
　　　　　上海市威海路755号　（邮政编码：200041）
经　　销 / 全国新华书店
排　　版 / 南京展望文化发展有限公司
印刷装订 / 启东市人民印刷有限公司

版　　次 / 2024年6月第1版
印　　次 / 2024年6月第1次印刷
开　　本 / 720×1000　1/16
字　　数 / 200千字
印　　张 / 14.5

ISBN 978-7-5496-4254-0
定　　价 / 68.00元

· 版权所有　侵权必究 ·

序言 | PREFACE

润德育人，生如夏花

缘分使然。2018年，唐华英成为我主持的上海市小学育人环境建设与管理研究实训基地的学员，自此开始了我们之间的师徒缘和朋友缘。

路不怕远，有心则近。临港与闵行相距60多公里，公交的话单程要两个多小时，自己开车也需一个多小时。三年的培训，她几乎每次都是最早到的几个之一。她自荐担任基地学习委员，每次都把培训过程记录得格式清晰、内容翔实，她对学习始终保持着热情和韧性，这也是她在德育领域不断进步的一种自我滋养的养分。

犹记得那次带着全体基地学员赴临港的活动。我们在美丽的明珠临港小学举行"'润德育人，生如夏花'唐华英德育工作室启动仪式"，整个仪式精致、细腻、感人，民乐与书法呈现的工作室理念让人耳目一新，她的个人独白表达了对德育的一片深情。所以，把那次活动主题作为此书序言题目，非常契合她对德育的一种悸动情怀、一种追求向往，这本书其实也是她在德育领域不断绽放"夏花"的美好呈现。

《中小学德育工作指南》指出："要精心设计、组织开展主题明确、内容丰富、形式多样、吸引力强的教育活动，以鲜明正确的价值导向引导学生，以积极向上的力量激励学生，促进学生形成良好的思想品德和行为习惯。""广泛开展社会实践，开展有益于学生身心发展的实践活动，不断增强学生的社会责任感、创新精神和实践能力。"翻开这本书，仔细阅读唐华英在二十多年德育和少先队工作中积累的这些实践活动形成的成果，就仿佛看到她这些年来的心路历程，她对德育事业的热爱，她对少年儿童的关怀，以及她一路耕耘一路所收获的似锦繁花。

一、德育人需要挚爱如斯，敬业精神如春意萌动

爱一行，啃一行，专一行。唐华英对德育工作的热爱，恰如春意般萌动，充满希望与朝气。入职第二年，她便成为所在学校的大队辅导员，自此开启了与德育、与少先队牵绊而行的教育之路。她辗转三所学校，不论是在偏远的农村小学，还是在新兴的城镇小学，始终坚持将满腔挚爱融入德育领域。她曾经在泥城小学成功创建全国红旗大队、上海市语言文字示范校等，自己也获得了上海市优秀少先队辅导员、南汇区"十佳"德育工作者等荣誉。她也曾在新建的明珠临港小学，带领年轻教师团队，以垦荒的精神，成功创建全国国防教育特色校、上海市心理健康教育示范校、上海市家庭教育示范校等，自己也成为浦东新区德育学科带头人、浦东新区德育团队领衔人等。二十多年来，她始终如一地挚爱着德育工作，因为这份源自内心的情感，让她永葆着春天般的烂漫与活力。

二、德育人需要热情如斯，创意实践如夏花绚烂

心有赤诚，必行远方。唐华英对于德育的这份钟情，在她多年的德育实践中体现得淋漓尽致。她喜欢和孩子们一起，以儿童本位的视角，去创设孩子们喜欢的德育实践活动。翻开本书，我们看到了作者对于德育实践活动的维度划分，从"常规活动、主题活动和特色活动"阐述校内德育实践活动的内容方法，从而形成学生群体中的"凝聚力、向心力和活跃力"，

给予读者校内德育实践活动开展的样本启迪。作者又从"乡土实践、场馆实践和创意实践"阐述依托校外资源开展的综合实践活动，从而形成润泽学生群体的"基因力、科普力和发展力"，给予读者如何打开视野、充分融合资源、践行德育养成的样本示范。高位的系列化构架，加上活泼生动的活动过程演绎，呈现了逻辑性、科学性、实践性、童趣性的交融凝练，体现了德育工作者的育人智慧、独特视角、高位引领和细腻落实。

三、德育人需要沉淀如斯，专业成果如秋果丰硕

"动若脱兔，静若处子"，此番描述非常适合德育工作者。我们需要怀有一颗悦动的童心，在丰富有趣的德育实践活动中和孩子们一起欢歌、一起热舞、一起探索、一起发现；我们更需要如思考者一般，常常静思与总结，将理论与实践更好地融合成以文字之美呈现的德育成果。从这本书6个章节的23篇文章中，我们仿佛看到了唐华英经常伏案凝思的样子，而这种宁静，就是一种沉稳、一种积淀、一种反思、一种凝练，一种在实践之后独处静思的专业姿态。

以德为先，立德树人。德育实践活动是儿童喜闻乐见的教育形式，是落实"五育并举"的良好载体。通过学校文化空间的打造和常规活动的开展，用文化场域熏陶和感染学生；通过生动丰富的主题实践体验，激发少年儿童的自主、自动、自律、自强；通过绚丽多彩的学校特色活动，弘扬爱国爱家、昂然向上的精神气概；通过乡土行走，感受地域文化的浸润滋养；通过各类场馆的实践探索，拓展社会教育资源的融汇润泽；通过时代化的创意实践，凸显天马行空的创意和探索未来的锐气——本文所阐述的这六条路径，都是当代德育工作者在实践探索中切实可行、切实有效的行为路径，值得学习与借鉴。

列夫·托尔斯泰曾说："人生的价值，并不是用时间，而是用深度去衡量的。"德育实践活动的价值，不仅在我们日复一日的德育活动中体现，更

重要的是体现在前置思考与架构、运行观察与优化、后续反思与迭代中。愿我们都能秉持"夏花"般的绚丽梦想，以多种形式、多种维度、多种韵味的，有意义且有意思的德育实践活动，助推学生群体的道德养成、行为塑成、能力形成、愿景达成。

——是为序。

全国优秀教师、全国中小学德育先进工作者
上海市特级校长、特级教师、正高级教师

目录

序言/张　蕊 ·· 001

第一章　常规活动·凝聚力——集体磁场中的养成 / 001

  第一节　建设温暖集体,推进温馨教室活动 ················ 003
  第二节　创建特色集体,推进特色班级活动 ················ 012
  第三节　弘扬爱国精神,推进国防教育活动 ················ 020
  第四节　弘扬法治精神,推进法治教育活动 ················ 026

第二章　主题活动·向心力——组织仪式中的浸润 / 033

  第一节　注重关键教育,组织别样的入队仪式活动 ········· 035
  第二节　注重城市化资源,组织校内外少先队活动 ········· 046
  第三节　注重三"从"三"依",组织特色少先队活动 ········· 052
  第四节　注重创新培育,组织主题教育课活动 ·············· 059

第三章　特色活动·活跃力——多彩实践中的感悟 / 065

  第一节　聚焦诗词经典,开展古诗文特色章活动 ············ 067

第二节　聚焦美丽中国，开展文化传承活动 …………… 076
　　第三节　聚焦红色传承，开展少年追梦活动 …………… 086
　　第四节　聚焦传统文化，开展寻根追梦活动 …………… 097

第四章　乡土实践·基因力——地域文化中的滋养 / 103

　　第一节　挖掘革命资源，落实红色讲解活动 …………… 105
　　第二节　挖掘爱国资源，落实"四小"实践活动 ………… 111
　　第三节　挖掘乡土资源，落实核心价值观教育活动 …… 121
　　第四节　挖掘家校资源，落实特色校本化课程活动 …… 126

第五章　场馆实践·科普力——基地体悟中的润泽 / 131

　　第一节　依托社区教育场馆，架构德育教育活动网络 ………… 133
　　第二节　依托浦东农耕展示馆，开展民族精神教育活动 ……… 139
　　第三节　依托地区场馆资源，架构劳动教育活动网络 ………… 149

第六章　创意实践·发展力——多元思维中的创想 / 159

　　第一节　利用校园吉祥物，开展核心价值观教育活动 ………… 161
　　第二节　利用校园吉祥物，构建多元德育活动课程体系 ……… 174
　　第三节　基于项目化学习，开展特色德育实践活动 …………… 188
　　第四节　基于项目化学习，开展海洋文化德育实践活动 ……… 198

后记 ………………………………………………………………… 222

第一章

常规活动·凝聚力
——集体磁场中的养成

- 第一节　建设温暖集体，推进温馨教室活动
- 第二节　创建特色集体，推进特色班级活动
- 第三节　弘扬爱国精神，推进国防教育活动
- 第四节　弘扬法治精神，推进法治教育活动

马卡连柯说："教育了集体，团结了集体，加强了集体，以后，集体自身就能成为很大的教育力量了。"常规的德育实践活动，一般包括在班级里的日常德育教育活动和学校内的德育系列活动等等。在常规的德育实践活动中，我们注重依托班级集体、学校集体的力量，去渲染和凝聚学生，集体成为日常德育活动开展的最重要单位。

依托集体的作用，我们让日常德育活动浅浅渗透，滋润入心。

集体场域的磁场作用：学生一踏入校园开启学习生涯，便成为集体的一员，他们要么在教室里和同伴、老师一起学习活动，要么在校园内和其他老师、同学产生交集。校园内的每一个场景、每一处布局、每一种气息，都对学生产生着全身心的浸润作用。我们要充分利用好空间场域的磁场作用，或者在班级里开展日常的行为礼仪教育、道德品行教育、温馨教室创建等活动，或者开展全校性的德育教育常规活动，如法治教育、国防教育、爱国主义教育等等。在校园内创设特定的文化场，促进学生的情感互动和磁场吸引，让他们生成自然生动而充满安全感的体验，触发他们内心最真实的表达和成长。

学生自我的悦纳作用：集体赋予学生成长的安全感和幸福感，也激发学生内在的成长动能。每一个学生都有自己的特点、特长和潜能，如何让学生发现自己的能量，更加自如地在集体中绽放自我，德育常规活动就提供了很多的锻炼平台和展示舞台。比如温馨教室创建过程中，我们可以给孩子们更多表达自我的机会，喜欢画画的孩子可以布置班级的特色一角，喜欢表达的孩子可以进行午会课小演讲等等。也可以由班级推荐学生参加校级的各类德育常规活动，让学生找到自己的闪光点，更好地悦纳自我，从而走向更加自信和阳光的未来。

老师、伙伴的情谊作用：人的一生中最容易产生互相影响的对象，老师和同学绝对是可以排在首位的。日常的教学过程中，师生间、伙伴间往往保持着一定的距离，但在日常的德育常规活动中，这种距离感就会被打破，老师化身为学生的同伴，更加深入地走进学生的内心，给予学生更多的支持和帮助。而同学的作用更加不言而喻了，最深的同学情谊，往往就是在日常德育实践活动中，一起合作、一起探索、一起发现、一起进行道德和能力的熏陶养成的。

第一节　建设温暖集体，推进温馨教室活动

创建温馨教室，建设和谐校园，构建良好的校园文明风尚，是学校德育工作的重点，更是学校文明创建的重要组成部分。多年来，我们坚持把创建温馨教室作为学校德育的基础工作，扎实有序地推进温馨教室工程的建设，使其呈现规范化、特色化、有效化的良好态势。

一、优美的物质环境——陶冶情怀，凝聚合力

优美的环境，可以让身处其中的人们感觉舒适愉悦。优美的班级环境，对每一个成长中的孩子而言更加重要。我们充分利用教室内外墙面和黑板，让班主任老师和学生一起发挥聪明才智，一起锐意创新，进行版面的设计和布置。于是，智慧在交融，激情在碰撞，每个教室都依据自己班级学生的特色特点，进行了精心的制作和布置。

班级之窗——师生的深情厚谊

我们在每一个班级的教室门口，都设置了一块"班级之窗"，这里有班主任灿烂的笑脸和对孩子们的殷殷期望，这里也有班级的特色名称和孩子们的进步口号。班级之窗，展示着每个班级老师和学生的共同智慧和心声，让我们从中感受到来自老师的热情，来自学生的朝气蓬勃。

学习园地——团结下的星星闪烁

教室内的学习园地，是孩子们展示才能的小小天地。如一（1）班的"朵朵葵花向太阳"，把每个孩子都比喻成向着太阳成长的葵花，号召大家都能为集体贡献力量，园地上也展示着初入校门的一年级小朋友那虽稚嫩却整齐规范的铅笔字。五（2）班的同学们更是深切留恋小学生活，却也

对未来满怀憧憬，他们分小组进行合作学习和竞争，相约小学阶段结束时大家都能用优异的成绩"顶峰相见"。

争章园地——中队的魅力展现

借助争章园地，我们让各中队充分展示自己的个性，喊响自己的口号，于是"春笋中队"挥舞着"向上向上，早日成才"的口号，用一根充满生机和冲劲的春笋鼓励队员们不断进取；"太阳花中队"让队员们"同心协力，共创温馨中队"，仿佛大家都是一簇簇向着阳光的花朵，汲取知识的光华，茁壮成长。这里，也展示着一枚枚该学年的奖章，犹如一个个高峰，期待着孩子们的攀登。

除了这几块基本阵地，很多教室里还布置了个性化的阵地，有星光大道、爱的约定、百花园、书香苑、心愿树等，同学们和老师一起布置着属于自己的"心灵花园"，传递着和谐和温情。

二、文明的语言环境——反思共勉，真诚相待

为规范教师的文明用语，我们首先在学生中进行不记名的调查，让学生写"我最喜欢听老师讲的话"和"我最讨厌听老师讲的话"。由于不记名，学生们都放下思想包袱，把一些教师说的不文明语言写了下来，比如"你这头懒猪""你这个小笨蛋"等等，当然也有很多让学生喜欢的鼓励和赞扬的话。学校收集整理后下发到每个办公室，让老师们一起来看看学生对他们文明用语的反馈情况。

之后，我们让所有的教师根据学生的反馈和自己的实际情况进行反思，写下自己在平时教学活动中所经常使用的规范用语和一些不太文明的口头用语等。通过反思和记录，让教师们顿悟，原来自己平时的一些无心之语也是对学生的不尊重，在形成心理冲击之后，教师们的用语发生了明显的转变。我们之后又在各年级进行了调查，学生普遍反映老师的一些不太文明的口头语言不见了。

学校在校园网站上把教师的规范用语和教学忌语进行公示，时刻提醒教师们要规范使用教学用语，营造和谐平等的师生关系。同时，我们在学生群体中以"推普员"巡查纠错的方式，进行学生文明用语的检查督促。双管齐下，使教师和学生都能在反思中得到共勉，从而学会用充满温情的语言对待身边每一个人。

三、共同的交流探讨——心声互通，智慧闪耀

为了促进班主任在温馨教室创建上的理论素养和实践能力的提高，我们开设了针对班主任的专题研讨活动，让班主任老师一起交流探讨，共同探索更科学有效的方式方法。

1. 开设网上论坛

我们在学校的网站论坛内专门开展了"如何创建温馨教室"的班主任主题研讨网上大讨论活动，让班主任结合自己的教育教学实际，畅谈如何进行"温馨教室"的创建。于是，各位班主任老师把自己在工作中摸索到的经验、碰到的困惑、班级个案的分析等都进行上传，与其他老师一起进行经验的共享、思想的碰撞、方法的交流。如董老师说："班主任要注意对学生的'感情投资'，克服'保姆式''家长制'班级管理形式，保持人情味，和学生建立朋友关系。以'爱'为切入点，用'唤醒、鼓舞'的方法与学生进行温柔的冲撞，用微笑的表情、期待的眼神、温和的语言、饱满的情绪去感化学生，使学生有信任感和安全感，让学生身心处在和谐的师生关系中。我们相信，教师的真情投入，必定会得到学生的真情回报。"班主任老师从教育实践中总结而出的肺腑之言，引起大家的共鸣，也引导着班主任群体向着更加温馨和谐的方向建设自己的班级。

2. 开展班主任沙龙

如何创建温馨教室，为学生营造良好的物质和精神环境，更好地促进

师生关系，让师生在和谐、优美、快乐的环境中一起快乐学习和活动，是我们班主任队伍一直在探索和交流的主题。我们专门把"温馨教室的创建"纳入班主任的校本培训活动，采用班主任沙龙的形式让班主任们进行充分的交流学习。

在班主任的交流过程中，我们总能发现班主任的智慧在温馨教室创建活动中闪光。如班主任刘老师的"讲感情——赢得学生的心"，让我们感受到了一位班主任与学生的心灵交流。她用自己的教育实践，为我们展示了这样的心理感悟：

在情感的世界中才能活得实实在在，有滋有味。教育，也一样！原来我总以为当教师就应当严，以严立威，以威取信，但在与学生接触过程中，我认识到了爱的情感力量，当我们教师给予学生真情实感后，才会真正赢得孩子们的心。我班的小虞同学，父亲外出打工，母亲入狱服刑，家境贫寒，不得不和外婆生活在一起。他行为习惯差，经常与小朋友打架，而且不按时完成作业，可以说是班上认为的那种无可救药的学生了，小朋友们都不愿意和他做朋友。有一次，由于课代表的失误，让同学们把抄写一遍的作业变成了抄写一行，结果让大家多做了很多家庭作业。第二天，小虞就把课代表打了一顿。我找来他询问，他说是因为课代表布置错作业才打他的，对自己打人的事实也毫不隐瞒。看着他倔强地昂着头，我忍住怒火，决定采用"软硬兼施"的方法。首先，我表扬他能如实反映，并且能承认自己打人的情况；接着，我指出了他错误的做法，不该用拳头解决事情，况且课代表已经向大家解释了，为什么还揪住不放？同学之间应该互相帮助，相亲相爱。为什么同学们不愿和你做朋友？就是自己不大度。在几次交流沟通后，他也认识到了自己的不足，向课代表承认了错误。事后，我跟他的外婆进行了交流，从正面、侧面去了解他。原来小虞从小就缺少父母的关爱，他希望通过与同学之间的打架来引起大家的关注。后来，只要他取得点滴进步，我都采取不同程度的鼓励，使他产生了亲切感、信任感，愿意与我们心灵交流。这样使他从思想上认识到错误、改正错误。在班里也多给他自我表现的机会，使他消除了自卑的心理，感觉到了自己的价值所在。

四、特色项目建设——精彩纷呈，各放异彩

在学校各项温馨教室主题活动开展的同时，我们倡导各个班级要有自己的特色活动。于是，各具特色的活动一一呈现，温馨之花各放异彩。

案例一

心语信箱，感受心灵故事

学校常年在大队部设立"小天鹅"信箱，接受孩子们的心语，帮助学生解决一些学习上、生活上的困惑和困难。有的班级也在自己班级中设立了心语信箱，把班主任老师变身成为"知心姐姐""知心哥哥"，让孩子们在自己的教室里每天都能看到心语信箱，在自己需要帮助的时候，随时可以向心语信箱投稿，我们的班主任老师会在每天中午午会课的时候开启心语信箱，查看有没有投信，对一些小事进行及时解决，如果有的事情涉及家庭或者学生的隐私等，则采用回信和其他的方式方法帮助学生解决。心语信箱成为孩子们的知心朋友，及时帮助孩子们排解生活中的烦恼，帮助他们健康快乐地成长。如小祝同学给老师的信中说道："爸爸在外地工作，新妈妈对我不够关心，有时连晚饭还要我自己做了吃。奶奶经常打麻将，也很少关心我。"班主任唐老师及时给予回应："对你的现状，老师深表同情，确实，你比一般孩子所得到的爱要少得多，老师会找你奶奶、找你爸爸好好谈谈这个问题，相信他们会有所改变，毕竟骨肉相连。同时，老师还会和你妈妈联系，让她多关心关心你，你也要主动和亲人多交流，相信老

师做的一切都会起到良好的作用,好吗?"老师真诚的话语,赢得了学生的信任,让学生感受到心灵的温暖,而之后老师多次深入学生家庭,与学生家长进行恳谈,并进行电话跟踪,使该孩子的亲人逐渐改变对孩子的漠视。孩子在老师的帮助下,终于感受到了家庭的温暖。老师的付出,不仅使一个家庭变得融洽,也使学生真正把老师当成了自己的知心朋友。

案例二

创编趣味游戏,促进心灵沟通

孩子的成长过程几乎都伴随着游戏活动。我们会经常看到:下课铃声一响,学生们潮涌一样冲出教室,享受自由的阳光,并常能听到孩子们冲出教室时小鸟一样快乐的鸣叫声。"跳皮筋""老鹰捉小鸡""翻绳""石头、剪子、布""丢沙包"……于是,我们的班主任做起了有心人,充分利用课余时间参与学生的玩耍或者关注学生的游戏,让孩子通过游戏获得知识和经验,同时帮助孩子形成良好的道德品质和意志品质,促进孩子身心健康发展。四年级的陆老师就在班级里创编了几个简单易学又颇具教育意义的趣味游戏,如"力争上游":让学生头顶物体(书本等)向前行进,到达后手抱物品蛙跳返回,培养孩子勇敢、坚强、不怕困难的良好品质。"一帆风顺":改编小学生守则,使其朗朗上口,并配上简单动作,"你拍一,我拍一(齐),拾到东西要交公(单人);你拍二,我拍二,见到同学要问好;你拍三,我拍三,专心听讲不能忘;……"多彩的课间活动不仅成为孩子们放飞心灵的平台,也可以使孩子们养成文明健康的生活习惯。这成为班主任教育的一大法宝。

案例三

三分钟演讲，激情共同飞扬

严老师每天利用午会课开展"三分钟演讲"活动，让学生轮流演讲，把自己的激情与同学、老师共享。如"推荐一本好书""我最崇拜的人""我眼中的好妈妈"等。

在这次三八妇女节感恩活动中，她教育她的学生：妈妈对我们的爱是最伟大的、无微不至的，我们要感谢妈妈。他们班中的小赵同学说："今天是三八妇女节，我要为妈妈做点儿事，也让妈妈休息休息。妈妈一下班，我就为妈妈端来一杯茶，还烧上一份盐水虾。吃过晚饭，我会把碗筷洗得干干净净。接着我再为妈妈端来一盆洗脚水，我对妈妈说：'妈妈，泡泡脚吧。'看着妈妈很舒服的样子，我就会快乐地笑了。以后，我要每天为妈妈做一些事，这样，妈妈就不会觉得累了。"演讲很朴实，很简短，却很生活，不仅让孩子能够静下心来感受身边的美好，更加锻炼了孩子的自信，增强了他们的表达能力，而老师的教育目的，也在这样平时的演讲中在所有孩子的心中默默扎根。

案例四

班级公约：班级是我温馨的家

家是最让人留恋、最温馨的地方，因为那里有最关心自己的人，有自己最熟悉、最喜欢的人和事物。因此，邬老师就与孩子们一起商议班级公约，真正把班级如同家庭一样建设。①倡导全班40名同学和任课老师应该彼此关心，从最细小的事情做起，如给老师递上一杯

> 茶、照顾班级中身体不太好的同学等。②可以尝试像在家里那样，叫同学的小名，这样就会感觉更加亲切，比如"董×婷"，同学可以叫她"婷婷"，听起来是那么亲切自然，就像是在自己的家里一样。③遇上班级中的各种事情，要进行民主讨论，充分发表意见，发挥主体功能。④可以从家里拿些自己喜欢的小玩具等放在教室里，把教室装扮得更加美丽，更加充满温情。小小的班级公约，成为维系班级中所有成员的情感纽带，让每一个身处其中的孩子都在点点滴滴中感受到家庭般的温暖，体验集体的责任感和荣誉感。

温馨教室的创建，不仅是物质环境的建设，更是良好师生关系的构建与和谐校园文化的创设，它也与教育教学的每个环节相融合。温馨教室的创建过程，是对学生进行道德提炼、素养提升的过程，更是对师生和谐关系的提升。这对于文明校园的创建起了极大的助推作用。

1. 温馨教室的创建，为学生提供了道德素养提升的肥沃土壤

班级温馨教室的创建，采用了丰富多彩的活动和形式各异的方式，让学生在其中不断地感受着、感悟着，从中获得与同伴共同合作、装扮美丽教室的成就感和荣誉感，体会到团结与合作的妙处。他们感受到了文明语言的磁场效应，知道无论是老师还是同学，文明和礼貌的用语可以迅速拉近彼此心与心的距离。他们感受到了游戏与活动中，互相关心和爱护，互相支持和理解，就可以让成功和失败都充满温情。他们也慢慢学会了，向老师、父母和同学，都应该献出自己虔诚的心意，为着共同的温馨家园的创建，而实现心灵的共通。于是，不经意中，孩子良好的道德素养慢慢沉淀积累。

2. 温馨教室的创建，为学生搭建了技艺才能锤炼的广阔舞台

温馨教室创建的过程，也是为学生搭建全面的动手动脑能力和创新实践能力锤炼的舞台的过程。如班级墙面的布置，需要学生发挥自己的特色

特长、书法、美术、写作等作品，无一不闪耀着孩子们的智慧。黑板墙报的设计，需要孩子发挥想象力，进行编辑设计。班级的三分钟小演讲，不仅锻炼了孩子的口头表达能力，更是他们展示自我、展现自信的绝佳阵地。班级趣味小游戏中，孩子们需要掌握游戏的技巧，锻炼身体协调能力、思维敏捷力等。别看活动小，小活动中，学生们小试身手，慢慢地学习着各类技能技巧，从而实现能力的全面提高。

3. **温馨教室的创建，为师生营造了和谐平等共处的良好氛围**

温馨教室的创建，不仅需要学生的努力，更需要老师的以身示范和倾心投入。如教师忌语和规范用语的征集，让老师们顿悟，原来自己不经意的口头禅也是对学生的一种伤害，于是，在自我的督促中，那些学生不爱听的语言渐渐地少了。在心语信箱的沟通交流中，老师们真正从文字中看到了学生的内心，了解了学生的真实想法，并用自己的能量，为学生解决学习上、同伴间甚至是家庭中困扰他们的难题，让他们能从困惑中解脱出来，生活和学习得更轻松，也从内心更加喜爱自己的老师。于是，师生的感情更加融洽，心灵更加贴近。

4. **温馨教室的创建，是学校文明校园创建的有效契机**

温馨教室的创建，小而言之，是一个小小的班级的文明建设，大而言之，就是一所学校大整体的文明建设。无论是学生文明素养的提升、全面能力的培养，还是教师良好师德素养的形成，或是师生间良好关系的营造，这些都是建设文明校园的最基本的组成部分。每一个孩子都是文明礼仪的好少年，每一个老师都是为人师表的好园丁，那么萦绕在我们身边的，便是永恒的温馨和谐的乐章。于是，教室是温馨的，校园更是温馨的。我们也都有着共同的心愿，让温馨的教室、温馨的校园，成为我们师生共同的心灵家园。

第二节 创建特色集体,推进特色班级活动

班级是学校的基本单位,是为实现一定的教育目的,将年龄相同、文化程度大体相同的学生按一定的人数规模建立起来的教育组织。班级不仅是学生接受知识教育的资源,也是学生社会化的资源、学生进行自我教育的资源。创建特色班级,可以以一种班级特色文化的营造,给孩子们创设独特而精彩的成长天地,让孩子们向着同一种目标追求,在文化的浸润中得到知识的积累、品行的塑造和精神的引领。打造特色班集体文化,是我们每一个班主任都在积极思考和实践的课题,也是磨砺班主任综合能力、促进班主任专业化成长的良好载体。

明珠临港小学以校园吉祥物慧慧(寓意智慧与责任)和点点(寓意创意与创造)为代言人,组织开展"慧点特色班"创建活动,让班级在自主化、个性化的集体建设中,找到共同的努力目标,培育共同的优雅气质,从而促进学生的全面发展,也促进年轻的班主任群体快速地进步、专业化地成长。

一、美丽中国文化节,慧点特色班的闪耀

国庆到来之际,明珠临港小学开展了以"中国骄傲,魅力中国我知晓"为主题的美丽中国文化节活动,中华美食馆、经典诗词馆、中国戏曲馆、传统工艺馆、中国建筑馆、书画艺术馆、民族乐器馆和民族服饰馆八大场馆闪亮登场,而我们的班主任们带着自己特色班的品牌项目,成为八大场馆的主角,在场馆中呈现了别样风采。

【镜头一】戏曲特色班的"女驸马",颇具神韵

中国戏曲馆内,我们的班主任何老师,带着二(5)班的一群女驸马,

身着红色戏服，头戴艳丽戏帽，随着悠扬的乐曲声，一曲《女驸马》娓娓唱来："为救李郎离家园，谁料皇榜中状元，中状元着红袍，帽插宫花好啊好新鲜哪……"我们的小演员，不仅黄梅唱腔浓郁，每一个手势、每一个眼神，无不透露着浓浓的神韵。戏曲特色班的孩子们，在班主任的带领下，不仅有着优良优雅的班风，更在一曲曲的黄梅戏唱段中，展露着自己的自信和才能。

【镜头二】书法特色班的挥毫泼墨，大师风范

书画艺术馆内，我们的班主任朱老师，带着自己班级的一群小小书法家，拿着小小的毛笔，如大师一般挥毫泼墨。孩子们和老师一起，一笔一画，书写着苍劲有力的毛笔字。孩子们安静优雅地端坐，那一份娴静淡然的气质，显示出少年少有的沉稳和自信。

【镜头三】诗词特色班的诗词大会，古韵悠扬

经典诗词馆内，我们的班主任金老师，带着自己班级的一群小小诗词专家，在这里开展了颇有趣味的诗词大会，或者是吟诵经典的诗词，或者是吟唱熟悉的诗词曲目，或者是召开热闹有趣的诗词大会，飞花令、看图赋诗，孩子们在一个个古韵悠扬的环节中，恍若一个个穿越而来的古代小诗人，腹有诗书，悠然而诵。

当然，这三个特色班集体只是全校几十个特色班集体中的部分呈现，我们在全校推广特色班集体建设，将此作为学生全面培育、班主任专业发展的重要载体。

二、智慧创意齐飞扬，慧点特色班的建设

1. 资源整合，创班有道

资源，一般指一定地区内拥有的物力、财力、人力等各种物质要素的综合。进行特色班集体建设，需要班主任有锐意发现的眼睛，学会综合考量身边的各种资源，并进行整合利用，寻找一项最适合班级发展的项目，

作为班级特色创建的抓手。

（1）张扬班主任自身特色特长

我们的班主任，很多都多才多艺，在某一方面拥有自己的拿手绝活儿，是某个领域的小专家，那么班主任就可以利用自己的特长来做一做文章。比如苗苗老师写得一手好字，她的毛笔字苍劲有力，洒脱大气。于是，她以多种形式的书法活动来进行特色班集体创建。

（2）利用家长特色资源

家长资源，是一个庞大的宝库，有各行各业的专业特色，有各式各样的特色才艺，还有各种不同领域的专业资源，而我们的家长也都期待着能和学校携手，更多地参与学校的教育教学活动，为孩子们带来更生动活泼的学习素材。比如我们的燕子老师，在一次家长进课堂的活动中，接触到了家长带来的身边的非物质文化遗产——鸟哨，她和孩子们都被这神奇的鸟哨给吸引了，更对鸟哨背后的故事产生了极大的兴趣。于是，她把这位文化中心工作的家长聘为班级的校外辅导员，充分利用家长可以带来的资源，红红火火地进行鸟哨特色班级的建设。

（3）利用周边的教育资源

临港，是一片充满热情和活力的土地，这里已经有了大量现代化企事业单位，有高等教育学府，有大型博物馆等，还有海绵公园、海洋世界等。良好的地理优势，给了我们更多创建特色班集体的创想。比如我们的海霞老师创建海洋特色班集体，利用海洋大学和海事大学的相关资源，特别是海洋大学的海洋生物展览馆等，让孩子们了解更多海洋知识，憧憬蓝色海洋梦。

2. 确定目标，精神引领

目标，是一个努力的方向，是期待的发展成果。慧点特色班的创建，首要的便是特色班级建设目标的制定，班主任要和学生一起商量，充分发挥学生的主观能动性，让学生学着做集体的小主人，进行自我发展目标的设定，努力尝试自我管理和自主创新，努力成为特色班集体建设的创想者和实践者。

（1）确定班名，特色彰显

一个好的班名，可以成为班级良好风貌的象征，成为班级个性张扬的最佳符号。老师和孩子们、家长们群策群力，根据班级特色建设方向，努力寻找反映班级特色，符合学生年龄特点，又与众不同、体现智慧和创意的班名。根据选定的特色创建方向，各个班级的特色班名应运而生，如"哨之梦班""墨竹班""未来星班"等，每一个响亮的班名，都彰显着这个班级的特色亮点之所在。

（2）班歌班训，精神昂扬

唱响自己的班歌，确立自己的班训，让班歌班训成为一种精神引领的方向，带领着孩子们一起去探索，一起去努力，一起去实现共同的成长目标。比如我们的书法艺术班，班训就是：闻竹心静，慎思笃行，学会生活，乐学创新。比如我们的"哨之梦班"，把儿童歌曲《我爱祖国的大自然》改编成自己的班歌《我爱临港的大自然》，把歌词变成了描绘学生熟悉的临港风景，"碧绿的湖，蔚蓝的天，我爱临港的大自然……"嘹亮的歌声，唱响了班级的气势，更唱响了少年美好的期待与梦想。

3.环境建设，氛围营造

班级环境是学生在学校面临的主要环境，是影响学生身心发展所必需的一切物质条件和精神条件的总和。特色化的班级环境建设，可以更好地营造文化氛围，对学生进行潜移默化的文化熏陶，同时也可以让学生产生自豪感和归属感。根据自己班级的特色创建来进行班级文化布置，给孩子们营造一种浓郁的教育氛围，这是我们特色班集体创建的一个重要组成部分。我们的班主任老师和孩子们一起设计、一起布置专属于自己的温馨教室。比如我们的书法特色班，把孩子们的一些书法作品装裱后，作为教室里面的特色风景。比如我们的戏曲特色班，让孩子们自己设计描绘京剧脸谱，组合成教室的特色墙。比如我们的"哨之梦班"，特设了鸟哨的展示区，让孩子们可以随时看到摸到这样神奇的小玩意儿。

4. 精彩活动，相伴成长

活动，是最受孩子们喜爱的学习和体验方式，活动可以形式活泼，可以创意无限，可以精彩纷呈，可以最大限度发挥孩子们的无限想象和无限潜能。活动体系建设，便成为我们慧点特色班创建的最重要内容。根据自己的班级特色，根据学生的年龄特点，我们的班主任分阶段和孩子们一起开展丰富多彩的特色创建活动，让孩子们在精彩活动的熏陶和感染下开阔视野，培养才能，塑造全面人格。

如"哨之梦班"的活动设置：

（1）第一阶段（一年级）

参观南汇新城镇文化服务中心，初步了解鸟哨，激发学生对鸟哨的喜爱之情，为建立以"鸟哨"为主题的班集体特色的形成而打下基础，以便完善教室布置和班训制定等班级文化。通过参观活动，孩子们了解了何为鸟哨，并对鸟哨产生浓郁的学习兴趣。小沈同学说："鸟哨，是一样神奇的东西，我多么希望我也能学会吹鸟哨，把可爱的鸟儿呼唤到我的身边来。我要积极参加各类活动，做一个热爱鸟类、热爱自然、拥有爱心的小学生。"

（2）第二阶段（二、三年级）

第二阶段分成四个活动，在学做鸟哨、鸟哨知识竞赛、设计新型鸟哨和学吹鸟哨这些活动中，培养学生的动手能力、想象力和合作力。在此过程中，学生会遇到形形色色的困难，班主任适时引导激励学生鼓起克服困难的勇气、促进班级内生长力的不断壮大。与此同时，鸟哨又是家乡的非物质文化遗产，是家乡劳动人民智慧的结晶，让学生在培养能力的同时，在情感上也能深深地爱上这片土地，以及这片土地上的人民。

（3）第三阶段（四、五年级）

此阶段共有五项活动内容："我是顺风耳"，"鸟的天堂"小报比赛，"我是鸟儿的朋友"展示大赛，走近自然、呼朋引伴，"我爱家乡"主题作文竞赛。这些活动都是以"鸟哨"为抓手，来培养学生热爱鸟类、探索自然、展现自我的途径。沿海劳动人民的智慧让学生们不能忘怀，学生们更是对成群结队的鸟儿心爱不已，对和自然接触的机会更是万分珍惜。班集体特色的形成不仅让学生们知道了与鸟哨相关的知识，更激发了班集体热爱自然、热爱家乡的情感。

三、老师学生同成长，慧点特色班创建的收获和反思

明珠临港小学是一所开办时间不长的年轻学校，班主任群体都比较年轻，缺少带班经验。在这样的情况下，我们以慧点特色班创建为主要切入口，进行学生的智慧成长培养和班主任群体的专业化培育，一路摸索，一路反思，一路收获。

1. 慧点特色班是学校文化建设的重要组成部分

明珠临港小学有五个校园吉祥物：慧慧（智慧与责任）、点点（创意与创造）、优优（友善与合作）、乐乐（健康与运动）和多多（艺术与才能）。五个校园吉祥物，代表着学校对培养学生和老师的一种期待和情怀。学校以创办"温暖、优雅、有创意的智慧成长乐园"为理念，努力进行有现代气息、张扬个性而又踏实的教育教学。慧点特色班创建，正是基于学校文化建设，进行学生全面培养和班主任综合锤炼的有效途径，以智慧和创意为努力方向，以温暖优雅为育人情怀，全面营造浓郁而个性张扬的育人氛围。

2. 慧点特色班，给了孩子们更广阔的体验成长天地

每一个慧点特色班，都张扬着不同的特色和气质，从而使班级建设更加生动、活泼和有效，孩子们在班级文化的熏染下，不仅得到才能的锻炼，也感受到和同学一起携手合作创建特色班的凝聚力和归属感，还在精彩活动中得到情怀的陶冶。"哨之梦班"的孩子们，参观了学校和上海海洋大学联合举办的"南汇东滩湿地鸟类摄影展"，看到了临港爱鸟协会的摄影爱好者们拍摄的50幅东滩湿地鸟类摄影作品。他们不仅看到了这些

珍稀鸟类的美丽外表和独特风采，更了解到这些鸟在南汇东滩的栖息生存，正说明了东滩湿地生态系统稳定，气候、水体和环境都适宜人类和鸟类生存，展示了人与自然和谐相处的其乐融融。孩子们纷纷拿起画笔，描画自己最爱的鸟的形态，拿起铅笔，写下自己对于爱护大自然的信心和憧憬。小小少年，都信心满满，要成为爱鸟护鸟、守护自然的小小志愿者。临港爱鸟协会的组织者也带领着我们的孩子真正走进临港湿地，走进珍稀鸟类。

3. 骨干班主任引领，班主任群体走上专业化成长道路

以慧点特色班创建，以优秀班主任引领，带领学校年轻的班主任群体走上专业化成长道路，这是我们这所年轻的学校在班主任校本培训上的一个重要策略。

（1）不畏艰难的求学精神的引领

我们推荐燕子老师参加上海市郊区小学优秀班主任研修班。从临港到市区参加学习培训，燕子老师每一次都是天黑出门，她自驾加上地铁单程也需要两个半小时。面对长途跋涉，燕子老师并没有任何的畏难情绪，每次的培训她都准时参加，决不早退，每次的培训，也给了她更多的知识养分。

（2）勤于钻研的专业精神的引领

在这为期半年、每月两次的培训中，燕子老师不断学习，积极反思，结合自己创建"哨之梦特色班"的实践经验，努力进行理论学习和实践摸索的结合，她撰写《哨声清亮，生命飞扬》的研究论文，并几经修改，参加浦东新区班主任征文评选，并最终荣获一等奖。

（3）敢于拼搏的挑战精神的引领

上海市班主任基本功大赛开始了，燕子老师几经挑战进入了最后的决赛，在身体欠佳的情况下，她坚持参加集训，坚持进行班级特色建设的深入摸索和实践，夜以继日进行学习研究，最终在笔试、面试等多个环节中表现优异，捧回上海市班主任基本功大赛的一等奖。燕子老师迅速成长，成为我们班主任群体学习的榜样。我们组织班主任老师一起聆听燕子老师

带回来的培训收获，观摩燕子老师的主题教育课，一起感受燕子老师身上那种勤奋、聪慧、钻研、拼搏的精神特质，学习燕子老师在特色班集体建设中的经验和做法，并不断进行实践摸索和反思提高，从而实现了班主任群体的共同进步和成长。

慧点特色班的创建，闪耀着智慧的光环，绽放着个性的魅力，成为学生全面智慧成长和班主任队伍专业化成长的重要渠道，我们收获了孩子们的快乐和成长，我们也收获了年轻的班主任老师们的长足进步。这也将是我们持之以恒继续努力和实践的重要课题，期待着通过我们的深入实践、摸索和研究，让慧点特色班建设工作绽放出更多的教育火花来。我们的心中有着对学生、对教育的爱，我们的心中有着对未来的梦想，我们将以爱和梦想相伴，努力前行！

第三节 弘扬爱国精神，推进国防教育活动

国无防不立，民无兵不安。开展国防教育不仅是社会主义现代化建设的需要，更是学生继承优秀革命传统、增强爱国情怀、培养良好志向、提升青少年整体素养的有效途径，也是学校德育工作的重要组成部分。明珠临港小学高度重视国防教育，在学校"开学敏行，和智慧一起幸福成长"的教育理念之下，把国防教育、爱国主义精神的培育、拥军爱国的情怀作为培养全面发展的智慧少年的重要内容，学校以军校共建为有效途径，大力开展国防教育特色工作。

一、领导高度重视，制度机制完善

学校十分重视国防教育工作，全面落实和完善国防教育工作的机制和制度，使学校国防教育工作规范有序地推进。

1. 纳入学校规划：学校把国防教育工作纳入学校五年发展规划，纳入学校年度工作计划，每学期制订学校国防教育工作计划，并按照计划内容，有序落实、有序推进。

2. 组织机构完善：学校专门成立以校长为组长，德育主任和国防专职教师为副组长，教导主任、大队辅导员和年级组长为组员的国防教育工作领导小组，全面领导和开展学校国防教育工作。

3. 成立专门机构：学校在德育处下设了专门的国防教育工作组，全面负责学校国防教育工作的有序开展和特色化建设，使学校国防教育工作，特别是国防教育教学活动开展得到了一定的保障。

4. 确定专职教师：我校特聘年轻的潘老师为学校国防教育工作的专

职教师。潘老师是一个活泼有热情的年轻教师，工作上锐意进取，她积极落实和开展国防教育工作。国防教育工作纳入潘老师的工作量，计入绩效考核。

5. 完善工作制度：根据学校实际情况，我们认真制定了学校国防教育工作制度，如《明珠临港小学国防教育工作制度》《明珠临港小学国防教育领导小组工作职责》《明珠临港小学国防教育工作组工作职责》《明珠临港小学国防教育工作上报制度》等。完善的制度制定，确保学校国防教育工作的科学化发展。

6. 专项经费保障：每年学校有一定的经费保障学校国防设备设施的完善和国防教育工作的开展，确保学校国防教育工作能够有序、有效开展。

二、全面宣传辐射，氛围营造浓郁

为了更好地营造浓郁的国防教育氛围，我们利用多种方式进行宣传辐射，全面打造特色化国防教育校园环境。

1. 电视台广播台宣传：利用学校慧点电视台和慧点广播台，向全体师生宣传国防教育的相关活动和国防教育相关的法律法规常识，有效地提升全校师生对国防教育重要性的认识和对解放军的热爱。

2. 宣传屏宣传：我校非常重视科技和宣传活动，校园内有20余处的电子宣传屏，在宣传屏上，我们经常性地进行国防教育法规的宣传、国防宣传教育活动的辐射等，让老师和学生随处都可以得到国防教育的熏陶。

3. 壁报黑板报宣传：利用教室内的黑板报和教室外的壁报，阶段性地进行国防教育内容宣传，由学生和老师自主进行国防教育内容的学习和交流，自己进行版面设计和制作，促进国防教育的学习和内化。

4. 微信及公众号宣传：充分利用学校教师微信群、学生家长微信群等，进行国防教育知识的宣传，利用学校微信公众号进行学校国防教育活动的宣传和辐射。

5. 家校互通宣传：以家长学校、家长会、告家长书等多种家校互通联系方法，与学生家庭进行法制教育的交流互通，以家校合作的方式促进学校国防教育工作的深入开展。特别是利用家长进课堂活动，借助家长国防资源，开展相关的课程实施，比如一（3）班小谢妈妈的"我是小小飞机工程师"、一（3）班小周爸爸（消防队员）的"安全在我心中"、一（4）班小吴爸爸的"水上安全知多少"、一（5）班小张妈妈的"保护海洋环境"、二（3）班小许爸爸的"科考船上的那些事"、二（1）班小袁妈妈的"海绵城市"等，都是与国防教育相融合的精彩课程。

三、注重常规管理，提升活动效果

国防教育工作真正落到实际上，需要在日常的管理当中进行规范化、科学化的实施和推进，我们注重日常的规范和管理，确保国防教育工作达到预期的实效。

1. 课程教学保障：我们把国防教育作为一项课程内容，纳入班主任工作，每两周开展一次国防教育主题的主题班会或午会课，深入开展国防教育。

2. 学科有机渗透：在学科教学中，我们重视对国防教育的有机渗透，要求各学科结合学科特点，将国防教育渗透到教学的各个环节，贯穿教学始终。

3. 环境设施渗透：在学校图书馆、教室、会议室悬挂民族英雄、爱国志士、革命领袖的画像以及名言等，在学校图书馆设立专门的国防教育阅读区，在学校宣传栏里有专门的国防教育宣传栏，在学校网站上开辟国防教育专栏，时时刻刻感召和激励学生，让他们树立爱国主义和革命英雄主义精神。

4. 进行军校共建：我校积极与芦潮港消防支队、红色泥城主题馆进行结对共建活动，邀请消防队员来校进行消防演习，让孩子们感受消防技能，同时也带领学生前往消防支队，观摩消防队员的军事演练，参观消防官兵的日常事务等，感受消防队员身上爱国爱民、勇敢坚强、团结奋斗的良好精神。我们组织学生到红色泥城主题馆，了解泥城地区光荣的革命历史，感受烽火时代的革命精神，深切缅怀为国为民捐躯的革命将士，从而提升少年的爱国主义精神和对革命烈士的崇拜和缅怀。

5. 开展全民国防教育日系列活动：以"传承红色基因，共建巩固国防，推进人防发展"为主题，开展三项活动。① 由团支部在国旗下专题讲话"传承红色基因，共建巩固国防，推进人防发展"。② 下发告家长书，请家长和孩子一起在家听三种警报：预先警报、空袭警报、解除警报；亲子共同在家自主学习、阅览、交流相关的"人防""国防"知识。推荐书籍：《中学生民防教育读本》《市民防灾必读手册》。推荐网站：上海市中小学生公共安全教育网。③ 开设一堂以空袭灾害特点、警报信号知识、疏散掩蔽常识等内容为主的人民防空知识课；并根据教室环境，以及火灾逃生细则，各班在自己教室内听火警警报，模拟火灾逃生。

四、开展特色活动，形成学校亮点

结合学校的科技特色，结合学校的智慧教育理念，结合学校的军校共建活动，组织开展各类国防教育的特色活动，形成学校的国防教育工作亮点，有效地推进学校国防教育工作的科学化、未来化发展。

1. 强化军校共建，促进鱼水情深

我校深入学习贯彻上级双拥工作会议精神，采取多种方式，深入开展双拥宣传活动，加强国防教育。学校与芦潮港消防中队、红色泥城主题馆结对共建，开展形式丰富的共建活动。经常带领学生代表前往消防部队、空军部队等，参观军营，和解放军叔叔交流谈心，聆听教育讲座，努力培养学生的自强自立意识。在八一建军节、中秋节等节点的社区服务活动中，为军属烈属送温暖，聆听他们的国防教育故事。每年清明节组织学生到红色泥城主题馆祭扫烈士陵园，了解革命烈士的英雄事迹，缅怀先烈，继承遗志。组织全体师生收看《开学第一课——先辈的旗帜》，学习红色革命历史，增强爱国爱家情怀。组织开展"那些年，在长征路上"的专题主题教育活动，让孩子们体会长征路上的艰辛，感受二万五千里长征的艰苦和不易，体会不怕牺牲、前仆后继、勇往直前、坚韧不拔、众志成城、团结互助、百折不挠、克服困难的长征精神。在清明节来临之际，组织全体师生参与"向国旗敬礼"的网上献花和寄语活动，向革命烈士献上鲜花，写上寄语，表达少年对革命烈士的无限憧憬和深切缅怀。

2. 智慧国防教育，提升全面素养

在学校智慧教育理念下，让学生学会学习、学会创作、学会探究，在国防教育活动中充分张扬学生的个性，搭建展示平台，促进学生全面素养的提升。

（1）学生国防教育讲堂：我们以学生国防教育讲堂的形式，让学生自己做主讲人，向老师和其他同学进行国防教育工作的宣传。我们已经开展了"小学生学国防""保卫国家领土""做守护海洋环境的志愿者""我国的领土""我国的领海""少年学历史""中国古代兵器知多少"等系列讲堂活动，获得了良好的宣传和学习效果。

（2）学生国防知识技能大比拼：为了全面锻炼学生的综合能力，同时融合国防教育知识宣传，我们开展了国防知识技能大比拼的系列活动，如国防知识小论坛、国防知识竞赛、国防军事名人琅琊榜、爱国歌曲演唱赛、爱国主义影片配音赛、爱国爱军绘画比赛等。通过活动，培养学生自信心、演讲能力、绘画水平、歌唱水平、配音能力等综合能力。孩子们在一次次的锻炼和比拼当中，不仅得到了国防知识水平的提高，更得到了综合素养的锤炼和提升。

（3）现代科技国防教育活动：利用学校的3D打印技术、智慧机器人技术、增强虚拟现实技术、互动课堂、慧点创意剧场，我们开展了系列化的现代科技国防教育活动。我们用3D技术打印消防设备设施；设计制作

"灭火机器人"参加机器人大赛并获得浦东新区第二名的好成绩;用增强虚拟现实技术进行消防演习的模拟;在互动课堂中学习用iPad进行国防知识竞赛;在慧点创意剧场中设计制作"逃生演习场景"等科技,让国防教育活动绽放别样的光彩。

多渠道多形式的军校共建及智慧国防教育活动,对于学校的发展,对于学生的综合素质培养,起到了积极的教育熏陶作用。我们也将一如既往地开展好国防教育活动,通过不断的实践和探索,让国防教育工作不仅成为学校工作的亮点,更成为孩子们全面智慧成长的重要助推力。

第四节 弘扬法治精神，推进法治教育活动

依法治国是党领导人民治理国家的基本方略，依法治校是深化教育改革、推动教育科学化发展的重要前提。学校严格落实依法治校、依法办学的理念，把教育管理和办学活动纳入法治轨道，使学校呈现法治规范、良性运作的良好局面。

一、高度重视，建立严格的组织管理体系

明珠临港小学位于临港新城主城区，学校严格按照依法治校总方针，紧紧围绕学校中心工作，全面推进规范化管理和法治化建设进程。

学校严格依法制定学校规章制度，形成了较为完整的学校规章制度网络。我们确立了"开学敏行，和智慧一起幸福成长"的办学理念，坚持"智慧教育，差异发展"的办学特色，并形成了"智慧管理"模式：在管理改革中注入智慧，以现代学校为目标，构建新型的管理模型。在管理体制与制度上大胆创新，建设规范、高效、务实、创新型的管理团队。法治教育、规范管理成为学校五年发展规划中的重要内容，也纳入了学校的年度教学总计划。根据学校实际，每年制订学校的法治教育工作计划，并根据年度执行情况进行客观总结，从而促进学校法治教育的有效实施。

学校建立了以校长为组长，德育主任为副组长，学校总务主任、教务主任、年级组长等为组员的法治教育领导小组，全面指导学校法治教育工作的有序、有效开展。

学校聘请临港派出所的副所长为学校的法治副校长，李警官为学校的法治辅导员，他们定期来学校巡视，与学校一起协商法治教育工作安排、

开设法治讲座、组织各类法治教育活动等等，为学校法治教育工作提供了专业指导。

学校有专项的法治教育活动经费，能够确保法治教育活动顺利开展。聘任李老师为学校法治教育辅导员，她全面落实学校法治教育工作，根据计划进行法治教育活动的层层铺开，并对学校法治教育活动进行有效宣传辐射，形成相关的档案材料，进行科学整理。

二、全面落实，组建完整的法治教育队伍

学校注重营造浓郁的法治教育氛围，校长带头和老师们一起学法懂法，在政治学习中安排每月一次的教职工学法日活动，组织老师们学习《中华人民共和国教育法》《中华人民共和国未成年人保护法》《中共中央国务院关于进一步加强和改进未成年人思想道德建设的若干意见》《教师法》等与教育教学息息相关的法律法规，全面树立依法治校理念。

学校法治辅导员李老师能够全面落实学校法治教育工作，自己利用网络学习并参加区级各类法治教育培训活动，积极落实对本校教师的法治教育培训活动。在教研活动中，她作为主导老师，带领各位班主任老师进行法治教育教研活动，研讨学校法治教育工作，探索学校法治教育教学方法，特别是法治教育主题教育课的科学化授课的研讨等，使学校法治教育活动开展具有一定的科学性。

学校的法治副校长和法治辅导员每周来校一次，巡视学校环境，关注学校法治教育活动开展情况，并每月协助组织开展一次法治专题教育活动。

我们同时关注构建"学校—家庭—社区"一体化法治教育网络，充分地利用好周边的法治教育资源，如临港派出所、消防支队、空军部队等，开展形式丰富的法治教育活动。以家长学校和家长进课堂活动为家校合作渠道，在向家长进行法律知识和科学教育方法指导的同时，让家长走进课堂为孩子们进行法律法规知识的宣传教育。三位一体的教育网络，让我们

的法治教育格局更加宽泛，效果更加显著。

三、精彩纷呈，全面开展法治教育活动

1. 专注教学主渠道，在课堂教学中全面渗透

我们特别注重课堂对法治教育的渗透，通过教学主渠道来实现法治教育的深入落实。我们有专职教师担任道德与法治学科的教学，组织道德与法治学科的教研活动，探讨更加科学和适切的教学方法，提高这门学科的教育效果，特别是《道德与法治》中与法治相关的内容，通过对教材的深入分析，结合学生的实际情况，适当添加教育资源，努力实现这门法治主学科的教学效果最大化。

人人是德育工作者，人人是法治渗透者。我们要求每个老师都能具有法律意识和法治观念，在学科教学的过程中都能进行有机渗透。比如在英语学科中学习动物单词的时候，告诉孩子们要爱护野生动物，随意捕杀野生动物、获取皮毛等都是违反《野生动物保护法》的。点点滴滴的渗透，可以在孩子心中渐渐留下法治的痕迹，让孩子们学会从小学法依法。

在学校的安全、禁毒、国防教育主题活动中，我们也着重突出法治教育内容，比如在安全教育周活动中，我们组织孩子们学习《交通安全法》、了解《未成年人保护法》等，让孩子们在了解这些法律法规的同时学会更好地保护自己。在禁毒教育过程中，让孩子们适当了解《中华人民共和国禁毒法》；在国防教育活动中，让孩子们感知《中华人民共和国国防法》等。

2. 开展专题教育，深化法治观念

我们利用多种契机组织开展法治专题教育，帮助孩子们在各个阶段形成初步的法治意识，从而从小成长为知法、懂法、守法的文明小公民。

新生入学第一课：我是遵纪守法的小公民。在孩子踏入校门的第一天，我们就对孩子进行法治教育和文明礼仪教育，告诉孩子们在学校要做

一个文明守纪的小学生，在社会要做一个遵纪守法的好公民。

宪法日宣传教育活动：12月4日是中国的宪法日，我们组织开展系列宪法宣传教育活动，全面深化法治教育。我们开展"一次专题国旗下讲话、一次宪法主题教育课、一次宪法知识竞赛、一张宪法宣传小报"等活动，让孩子们初步了解宪法是我国的第一大法，了解我国是一个法治国家，只有依法治国，才能共享和平和幸福。

国际禁毒日专题活动：在6月26日的国际禁毒日来临之际，我们组织开展相关的主题教育活动。组织一次上海禁毒教育馆的参观活动，让孩子们了解我们身边的一些毒品，认识到毒品对人们的危害，从而从小树立禁毒意识。我们组织开展禁毒标语征集活动，让孩子们用自己的语言来劝解禁毒人士重返健康生活。我们组织了一次专题主题教育课活动，让孩子们感知社会上的一些和吸毒相关的悲惨故事，知道禁毒的重要性，从小学会做禁毒小宣传员，在家庭中，在社区里都能主动帮助宣传禁毒。

3. 丰富的实践活动，营造浓郁的法治教育氛围

为了更好地促进学校法治教育活动的开展，营造浓郁的法治教育氛围，我们将12月定为学校的法治活动月，开展系列的法治教育活动，深化法治教育效果。

法治巡游活动：我们组织孩子前往临港派出所、临港消防中队、临港空军部队等学习参观，感受部队的高度纪律性和严守党纪国法的高度责任心。我们组织孩子与派出所民警进行社区巡游，一起查看临港地区的各种建设场景，一起查看临港的社区监控设备，了解在法治治城的过程中临港日新月异的发展和无可限量的前景，从而也激发孩子们长大为临港文明法治富强建设而出力的志向。

模拟法庭：我们组织孩子们在参观了临港法庭之后，开展模拟法庭活动，让孩子们寻找自己身边的案例，比如选取学生在家庭中遭遇家暴，如何利用《未成年人保护法》寻求保护的案例，让孩子们在模拟法庭中感受法律法规的重要性，也感受法庭作为伸张正义的地方，守护着地方的公平

正义。

小小法治故事赛：我们举行"法治在我们身边"的法治故事比赛，让孩子们从身边的法治小故事讲起，告诉大家我们小学生需要了解的一些法治常识，做一个知法懂法、能够用法律武器保护自己的人。

法治书画大赛：我们举办以法治为主题的书画作品大赛，让孩子们用美观的字体写出对法治的认识，用绚丽的色彩描绘对法治的理解。少年的心，童稚的情，感受着法治与我们的生活息息相关。

4. DIY校本课程，孩子们自己编制的法治书

我们在学生中征集"少年与法"小故事，选择部分优秀的小故事整理成"少年与法"的电子文稿，然后让孩子们与父母一起DIY编制学生的校本教材《少年与法》，每个孩子都有了自己编制的法治书，而这本法治书，也成为班主任老师进行法治教育的良好载体。

5. "小铁锤"社团活动有序开展

我们选取了一、二年级约10人组建了学校"小铁锤"法治社团，聘请学生家长（临港法庭工作人员）担任特约辅导员，每两周开展一次社团活动。社团活动中，孩子们学习与我们的学习和生活相关的法律，比如《中华人民共和国未成年人保护法》《中华人民共和国道路交通安全法》《中华人民共和国预防未成年人犯罪法》等法律法规，通过学习选取部分适合小学生了解的知识内容，以学生道德讲堂、动画展示等方式进行宣传辐射，从而推动全体学生法治观念的强化。

6. 关注阵地建设，全面宣传推广

我们在学校图书馆中开辟了法治教育专栏，里面配备了《中华人民共和国未成年人保护法》《中华人民共和国道路交通安全法》等法律书籍，配备了《法治日报》《法治与社会》等法治类报纸杂志，在法治教育专栏读书角里我们还配备了舒适的沙发椅等，让孩子们在良好舒适的阅览环境中接受法治教育的熏陶。

学校在校园电视台、少先队广播台、学生道德讲堂中开设法治专栏节

目，在校园网站开辟法治教育专栏，利用学校宣传屏宣传法治教育内容，开展黑板报和壁报的法治教育专题设计比赛，等等。校园内，常常可见法治教育宣传教育活动，孩子们在和谐美好的校园中，时时得到法治文明教育的感染。

四、法治教育工作成效显著，广受好评

从平时的点点滴滴做起，从文明礼仪做起，努力做一个文明守纪的小学生，努力做一个遵纪守法的小公民。带着这样的教育初衷，我们努力实践，全面开展法治教育宣传活动，全面培养老师、家长和孩子们的法治观念，从而营造了和谐、温馨、文明、法治的校园环境。校园内，孩子们知书达礼、文明守纪，老师们温文尔雅、亲切和善，文明礼仪蔚然成风，校园内无任何违法案例发生。

良好的校园文明风尚、法治规范的校园管理，让明珠临港小学博得家长的一致认可，得到社会的充分肯定。明珠临港小学虽然创办不久，但以它的规范、严谨、法治、创新，获得了良好的社会声誉，在法治教育方面也有了非常明显的成效，相信在今后的不断实践探索中，明珠临港小学的法治教育必将取得更多的成就。

第二章

主题活动·向心力
——组织仪式中的浸润

- **第一节** 注重关键教育，组织别样的入队仪式活动
- **第二节** 注重城市化资源，组织校内外少先队活动
- **第三节** 注重三"从"三"依"，组织特色少先队活动
- **第四节** 注重创新培育，组织主题教育课活动

在学校德育实践活动中，各类主题活动成为架构德育体系的重要组成部分，主题鲜明、仪式感强的德育主题活动成为浸润学生德行成长和素养形成的重要渠道。各类节日纪念活动、各类仪式教育活动，特别依托少先队组织开展的各类队集体活动等，可以创设一种不一样的环境氛围，让学生全身心地融入，更好地激发他们的主动性、积极性和创造性，努力培育他们成为有理想、有本领、有担当的一代新人。

各类主题仪式活动，成为学生约束自我、浸润自我、引领自我的重要契机。

课堂阵地思维引领：我们依托显性的德育课程，进行各类主题教育的渗透教育，主题教育课成为班主任日常进行德育教育的最基本阵地。主题教育课的主题鲜明，是班主任根据学生的实际情况，融合教育需求，又充分发挥学生自主自动性的互动式德育课堂活动。主题选择上的开放性，让学生可以结合生活实际寻找交流主题，内核聚焦而形散。活动内容上的情境性，让学生可以在充满童趣的故事氛围中演绎和生成。活动形式上的丰富性，又给予了学生充分自主发挥与合作体验的空间。充满思维含量的主题教育课，是学生们得以德行熏陶的课堂主阵地。

仪式鲜明礼仪养成：在德育实践活动中，仪式教育起着非常重要的成长阶梯作用。在我们的德育实践活动体系中，我们有各种各样的仪式教育，比如每周的升旗仪式，比如各类体育节、艺术节、科技节、阅读节等等的开幕和闭幕仪式，比如贯穿小学五年的入学仪式、入队仪式、十岁生日仪式、毕业典礼等等，这些都成为学生在整个小学阶段重要的时刻。而这些仪式活动中，有着非常清晰的仪式礼仪、仪式环节和内容，学生在充满仪式感的德育实践活动中得到心灵的触动和礼仪的养成。

组织浸润责任导向：每当唱响《我们是共产主义接班人》的少先队队歌，每当举起星星火炬图案的少先队队旗，少先队组织的活动在这时拉开序幕，少先队员们抚摸着胸前的红领巾，铭记着自己是共产主义接班人的神圣使命。在组织生活中，他们实践着自己作为少先队的小主人、社会的小公民的小小使命感和责任感。在队会活动中，感受组织纪律性和集体荣誉感；在主题活动中，提升综合素养和创新精神；在社区服务中，实践志愿服务和奉献精神；在争章活动中，进行良性竞争和互帮互助……浸润在少先队组织中，他们的责任感、人生观、价值观得到强化引领。

第一节　注重关键教育，组织别样的入队仪式活动

关键教育事件，是指在教育情境和其他相关情境下，能强化当事者（或者参与者）的原有教育认知或引起当事者（或者参与者）原有教育认知冲突的事件。在我们日常的教育教学过程中，常常有这样的关键教育事件，以触动心灵的一个瞬间，或者一段过程，让我们豁然开朗，看到不一样的教育形态和教育价值，也由此更新我们的教育观念，形成更加具有时代性和科学性的教育判断，促进自己的教育生命良性成长。

一、酝酿与闪耀，一份完美入队仪式方案从策划到实施

又是一年六一到，举行庄严的二年级入队仪式，是庆祝六一的重要内容。于是，学校德育室和大队部的几位同伴聚在一起，商议入队仪式的方案。参加入队仪式成为少先队员，是少年儿童成长的一个重要时刻，具有很强的仪式感，也具有十分规范的既定仪式流程。遵循科学原则，我们初步拟订入队仪式方案如下：

明珠临港小学少先队入队仪式方案

一、活动目标

以规范的少先队入队仪式，增强少先队员的荣誉感和使命感，教育新少先队员热爱红领巾，热爱少先队，从小立志，锻炼本领，为少先队增光添彩。

二、活动时间

5月30日14:00

三、活动地点

明珠临港小学操场

四、活动议程

1. 宣布入队仪式开始

2. 出旗，唱《共产主义儿童团团歌》

3. 宣读入队决定，宣布新队员名单

4. 授红领巾、佩戴红领巾

5. 齐唱《中国少年先锋队队歌》

6. 入队宣誓

7. 宣布新中队成立、授中队旗、聘任中队辅导员

8. 呼号

9. 退旗

10. 宣布入队仪式结束

方案制订好了，很简洁明了，仪式流程也非常规范，相信整个过程也会非常有仪式感。但是细细琢磨，我们总感觉方案显得那么单薄，整个过程，除了仪式感，再无他物，虽严肃严谨，却少了些丰厚，难道纯粹为了仪式而仪式吗？怎样让入队仪式更加丰富、更加触动孩子的心灵，从而让仪式成为孩子成长的新的增长点呢？

第一次修改——落脚点：社区资源的注入

"临港的社区资源那么好，可不可以走出校园，到更有意义的地方去举行入队仪式？"杨老师的建议引起了大家的共鸣。那么，我们可以去哪里呢？临港的教育场馆很多，有大型博物馆（中国航海博物馆）、科技场馆（临港科技城）、教育高校（上海海洋大学、上海海事大学等）、自然景

观（南汇嘴观海公园、临港湿地等）……如何契合入队仪式的主题，选择最佳地点？

"南汇嘴公园面朝大海，可见日出，犹如少年，朝气蓬勃又孕育希望无限，又代表着崭新的开始，和初戴红领巾的少先队员很贴切。"汤老师的建议立即获得了大家的一致认可。"那么，入队仪式放在清晨更有意义，迎着朝阳第一次佩戴红领巾。"唐老师的补充让大家频频点头。

社区资源非常丰富，除了场地资源，是否还有其他资源可以融入？在经过大家的协商后，又酝酿产生了新的想法——用好人力资源，邀请上海海事大学的大学生为孩子们佩戴红领巾，这既是一种大学小学的友谊共建，同时也代表着理想信念的传递。

于是，在第二次协商过后，我们在如下方面对方案做了修改。

> 活动时间：5月30日上午8:00
> 活动地点：南汇嘴观海公园
> 授红领巾、佩戴红领巾（由海事大学大学生授予和佩戴）

第二次修改——落脚点：主题仪式的丰厚

初步方案拟订，我们前往海事大学，就活动事宜进行协商和落实。在与海事大学团委领导进行交流的过程中，又有了新的火花迸射。

海事大学与临港新城政府团委携手，一起创建了"临海青年"志愿者服务团，在临港举办的各类大型活动和服务活动中，身穿"蓝马甲"的志愿者担任了很多的志愿服务工作，为临港的建设和发展起了非常重要的作用。

海事大学团委领导建议，戴上红领巾的少先队员，应该有一定的责任感和使命感，也要努力为家乡发展出力，那么，何不让红领巾们也成为"蓝马甲"中的一分子呢？可以在入队仪式后段增设一个志愿者"入职仪式"，向少先队员颁发"志愿者聘书"，让他们明白，荣耀与责任并行、成长与服务并行。

海事大学的建议为我们打开了新的思路，也让我们感觉到非常有意义，于是大家一起设计，在入队仪式之后，又增加了一个简短而隆重的"'临海青年'志愿服务团明临小分队入职仪式"。入职仪式的流程环节大致如下：

"临海青年"志愿者服务团明珠临港小分队入职仪式方案

一、活动目标

通过志愿者入职仪式，让少先队员感受自己身上志愿服务的责任和使命，从而激发积极参与志愿服务的热情，树立为家乡发展建设出力的良好愿望。

二、活动时间

5月30日上午8:30

三、活动地点

南汇嘴观海公园

四、活动议程

1. 宣布入职仪式开始

2. 诗歌朗诵《红领巾相约中国梦》

3. 海事大学团委书记宣读明珠临港小分队入职决定

4. 授予"临海青年"志愿者服务团明临小分队队旗

5. 授予"临海青年"志愿者服务团蓝色小马甲

6. 颁发"临港青年"志愿者聘书

7. 入职宣誓

8. 宣布入职仪式结束

入职仪式的增加，让我们的入队仪式更加丰厚饱满，同时也成为入队仪式真正实现教育价值的落脚点，让少先队员感受到红领巾的意义——红领巾是红旗的一角,是用革命先烈的鲜血染成。新时代的少先队员要传承革命精神,积极投入"共建中国梦"的伟大事业中,用自己的实际行动,为祖国、为家乡的建设发展尽责任,为红领巾增光添彩。

第三次修改——落脚点:实践行动的延伸

入队仪式,加上志愿者入职仪式,两个活动串联在一起,显得非常丰厚饱满,活动的意义也更加凸显,相信对少先队员会有非常大的触动,也更加有教育意义,让他们明白,少先队员不仅是荣誉的象征,更要履行自己的责任,发挥自己的能量,为家乡出力。

"入队仪式+入职仪式",仪式感非常强烈,但是对仅有九岁的新少先队员,是否会意识形态过强,而实践引领略显不足?孩子们会不会觉得有点儿乏味,想动一动,练一练,想用实际行动来烧一烧新任少先队员的"新官之火"?

"可不可以在入职仪式之后,直接组织一次志愿服务活动,让孩子们用服务和奉献来真正感受到责任和付出呢?"

"那么靠近南汇嘴公园,我们可以开展什么志愿服务活动呢?"

"那就开展一次临海清滩活动吧,让孩子们一起捡拾海滩边的垃圾杂物,让海洋更加干净整洁。同时,上海正在全力推进垃圾分类活动,清滩的垃圾进行分类引导,也是非常有意义的。"

建议一拍即合,方案设计的思路被无限打开,在入队仪式上进行行动的延伸和指导,成为这个活动大家非常期待的亮点。于是,经过进一步的细化和调整,我们的入队仪式暨志愿者入职仪式活动方案正式出炉。

明珠临港小学少先队入队仪式暨志愿者入职仪式方案

一、活动目标

以规范的少先队入队仪式,增强少先队员的荣誉感和使命感,教育新少先队员热爱红领巾,热爱少先队,从小立志,锻炼本领,为少先队增光添彩。通过志愿者入职仪式，让少先队员感受自己身上志愿服务的责任和使命，从而激发积极参与志愿服务的热情，树立为家乡发展建设出力的良好愿望。

二、活动时间

5月30日上午8:00～10:00

三、活动地点

南汇嘴观海公园

四、活动议程

（一）入队仪式

1. 宣布入队仪式开始

2. 出旗，唱《共产主义儿童团团歌》

3. 宣读入队决定，宣布新队员名单

4. 授红领巾、佩戴红领巾（由海事大学学生授予和佩戴）

5. 齐唱《中国少年先锋队队歌》

6. 入队宣誓

7. 宣布新中队成立、授中队旗、聘任中队辅导员

8. 呼号

9. 退旗

10. 宣布入队仪式结束

（二）志愿者入职仪式

1. 宣布入职仪式开始

2. 诗歌朗诵《红领巾相约中国梦》

3. 海事大学团委书记宣读明珠临港小分队入职决定

4. 授予"临海青年"志愿者服务团明临小分队队旗

5. 授予"临海青年"志愿者服务团蓝色小马甲

6. 颁发"临港青年"志愿者聘书

7. 入职宣誓

8. 宣布入职仪式结束

（三）临海清滩志愿服务行动

1. 分小组清滩捡拾垃圾活动

2. 评比、颁发清滩比赛水晶奖杯

3. 垃圾分类现场实践体验

入队仪式及入职仪式的精彩呈现

5月30日清晨，明珠临港小学307名二年级孩子与老师、家长，以及海事大学54名大学生志愿者，一起来到了南汇嘴观海公园，沐浴朝霞，迎着海风，举行隆重的少先队入队仪式。一张张小脸写满庄严和期待，这一时刻，将成为他们生命中非常重要的成长印记。

入队仪式开始了，海事大学的哥哥姐姐为孩子们戴上鲜艳的红领巾，那一份虔诚和庄重，俨然让孩子们瞬间长大。唱起响亮的《中国少年先锋队队歌》，举起右手庄严宣誓，鲜艳的红色映衬下的孩子们显得庄重而真诚。

入职仪式开始了，孩子们披上代表志愿服务的蓝马甲，手捧志愿者聘书，举起右手高声宣誓："我自愿加入临海青年志愿者服务团明珠小分队，参与临港的各项志愿服务活动，为临港的发展建设做贡献！"

在临海清滩活动中，孩子们不怕脏和累，沿着临港的海滩，将各种塑料瓶、纸屑、杂物等一一捡起，分类别放在垃圾袋中。随着太阳渐渐升起，一股股热浪向孩子们袭来，汗水在被太阳晒得红扑扑的小脸上挂下来，但是他们依然执着前行，他们坚毅的脸庞与脖子上的红色相映生辉。通过近一个小时的清滩行动，孩子们收集了几十斤垃圾，在最后的评比中，二（1）中队的志愿者获得了"清滩行动第一名"的水晶奖杯。之后，孩子们聆听海事大学哥哥姐姐关于垃圾分类的解说，将所收集的垃圾分别放入不同的大型垃圾桶中。清滩行动获得圆满成功。

二、反观与总结，入队仪式带给我们的触动和思考

（一）拓宽思路，打破常规，让活动更走向学生，更具有时代性和生命力

入队仪式，是学校的常规活动，与学校里其他的一些活动诸如学雷锋活动、植树活动等相似，我们常常会陷入固定模式，几乎每年开展的都是基本相同的活动形式。时间久了，会懒于思考，会流于形式，就会形成"活动年年搞、年年都一样"的尴尬境地。

在这一次的入队仪式活动中，我们打破常规的方式，注入了更多的内涵，以志愿者入职仪式和清滩行动提升了入队仪式，要让少先队员明白戴上红领巾意味着"责任、服务、奉献"等含义，让他们以实际行动演绎少先队员的风范，真正达到了"活动促进意识、行动促进内化"的良好效果。

打破常规、具有新意的活动，也真正体现了"以学生为本"，让学生从自主参与和自我体验的角度，来感受活动的意义和价值。同时，活动又结合了"保护环境、垃圾分类"的当前教育热点，体现了时代性和生命力。

（二）整合资源，融通合作，家校社教育合力是优化活动效果的催化剂

学校的各种资源毕竟有限，如何突破学校界域，实现更多资源的融通和注入，是提升学校开放性办学发展和多样性活动开展的有效途径，也是越来越强调家校社合作的现代教育理念的发展趋势使然。

随着现代科技的发展和现代社会的进步，我们身边的各类场馆设施越来越现代化、科技化、未来化，而这些场馆也愿意敞开自己为孩子的未来发展做一些服务和援助。在我们的身边，也有更多的高科技人才、专业人

士愿意走进学校，为孩子们带来更加专业和广域的知识输入和能量传达。

在我们此次的入队仪式以及后续的活动过程中，我们得到了社区场馆的支持，在代表临港开发建设起始的南汇嘴观海公园举办活动，而且选择了面向大海、迎接朝阳的美好时刻，便为整个活动增添了一股浓浓的爱乡情怀和理想色彩。之后，海事大学学生为孩子们佩戴红领巾，参加临港的"临海青年"志愿者服务团并参与临海清滩活动，更让孩子们以实际行动演绎了"荣耀与使命并行"的红领巾精神。

三、互促与蜕变，创造性实践体验带来的成长与发展

（一）因为创造性的丰厚和延伸，活动呈现较高的教育价值

这一次的入队仪式，可以说是跨越近几年较为雷同的入队仪式后的一次创举，也让活动呈现了非常好的效果。活动与原本较为刻板的模式化的入队仪式相比，增加了非常具有起点意义的志愿者入职仪式，真正把红领巾的使命和精神化为非常显性的实践渠道——志愿者服务，这是把"我们是共产主义接班人"落到实处的一个非常好的着力点和推进点，而之后紧接着就开展的"清滩志愿服务"活动，让孩子们从意识走向行动，从而使我们的教育目标内化到了孩子们的内心。

这次活动对新一批少先队员起到了非常深远的教育作用，他们明白了，从戴上红领巾的那一刻起，就意味着要有更多的责任，以后还将需要付出更多"汗水、智慧、合作、坚持"，用拼搏和奉献为红领巾增添光彩。这次活动，给了老师和家长更多的启示，看到了教育孩子不仅需要仪式，更需要有创意的实践引领，才是培育未来社会接班人的最佳渠道。这次活动也让我们更加深刻地感受到，德育活动不仅要注重仪式感，更要注重真正有内涵和深远意义的、对于孩子的未来学习发展和道德引领真正有益的内容。较高教育价值的真正体现，才是我们开展德育活动的目的之所在。

（二）由于拓展性思考和研究，老师成长得更加专业化

一个方案产生后，不断地进行剖析和深化，不断提出更多的问题和假设，然后一而再、再而三地对方案进行充实和优化，这就是一种钻研精神、一种专业化态度的体现。老师不再是一个简单的教书匠和机械的活动组织者，而是一个带有未来眼光和科学精神的教育者，这样的一种意识和行为，也必将引领着教师不断反思、不断研究、不断完善、不断发展，这样的老师，也终将会成为专业化的研究者，成为在教育教学上可以大有作为的未来型老师。

善于思考和研究的老师，也必将会更加善于利用身边的各种资源。当有了好点子，再去寻找最佳的合作伙伴，引入最佳的活动资源，就会使教育教学活动事半功倍。在这次的入队仪式上，老师们不仅与社区场馆及海事大学的团委领导紧密合作，完成了一次精彩的活动，更与他们结成了教育同盟，达成了很多后续的项目研究设想，比如临港清滩垃圾的大数据分析及临海环境保护的小学生研究项目、基于南汇嘴观海公园的上海港口运能小学生研究项目、临海青年志愿者服务团明临小分队的志愿服务发展项目等。以后的发展更值得期待，老师们也终将成为引领孩子智慧成长的教育专业化学者。

（三）源于研究型教师和团队，学校科学发展将更加快速

一所学校的科学化快速发展，源于有一支优质的教师队伍。教师队伍如若普遍具有团队合作精神和科学研究精神，那么这股研究力凝聚而成的将是推动学校快速科学发展的原动力。

明珠临港小学虽然是一所开办不久的学校，但是学校非常注重对老师专业精神和研究能力的培育，一直倡导老师以探究的精神来对待教育教学中遇到的问题，以做项目的形式来研究教育教学课题，以项目化学习的方式来引领小学生的主题活动。学校以"大问题驱动下的小学探究性课堂的

实践研究"和"基于项目化学习的小学海洋文化系列德育活动课程建设"两大校级课题领衔，全面推动在课堂教育和德育活动两大领域中的"问题意识、探究能力、项目研究"等的深入推进。这一次在入队仪式活动上的不断研究和深入，就是在这样良好的研究氛围中酝酿产生的非常有效的德育实践活动。

有思考就会有发现，有研究就会有突破，有了更多的研究型教师，形成一支具有强大战斗力的教师团队，我们相信学校必将踏上科学发展的快车道。

第二节 注重城市化资源，组织校内外少先队活动

少先队组织是少年儿童自己的组织，少年儿童是祖国的希望和未来，如何让少年儿童在自己的组织中快乐健康地成长、自主和谐地发展，是每一个少先队工作者的责任和追求。1990年8月，中国政府签署参加《儿童权利公约》，儿童呼声最高的是快乐和自主，让儿童获得快乐、自主的发展，符合《儿童权利公约》关于"确保儿童享有其幸福所需的保护和照顾"和"最充分地发展儿童的个性、才智和身心能力"的条款要求。每一个少先队组织都必须从实际情况出发，为少先队员的快乐自主发展创造良好的条件。

泥城小学是一所上海市郊的农村小学，又同时处于临港新城开发建设的前沿阵地。近年来，随着临港大型建设项目的逐一实施，泥城地区快速地踏上了城市化的道路——东海大桥绵延东海，架构起快捷繁忙的现代交通；上海汽车等大型企业的落户，不仅带动了经济的快速发展，更促进了土地征用，使大批农村家庭拆迁聚集至城镇小区；碧波荡漾的滴水湖畔架构起大型旅游产业园，原来的农村开始呈现生态化的城市蓝图……城市化的进程，让我们从中挖掘到更多生动而丰富的教育资源，从而进行少先队教育活动的不断创新，为少先队员创设创新精神和实践能力锤炼的良好环境，促进少先队员的全面发展。

一、校外：挖掘城市化教育资源，架构少先队实践活动网络

现代化的新型建筑、高科技的现代企业、新生态的园区规划……这些对我们泥城小学的少先队员而言，都是极为新鲜的新兴产物。带领着孩子

们走出校门,走进丰富多彩的校外世界,开展形式丰富的少先队活动,是带领少先队员进行实践体验的绝好方式。于是,我们大力开展社区"三小"行动,以网络化构建形式,以分年级递进模式,开展少先队教育活动。

1. 低年级快乐考察活动——我是小小考察员

学校周边有很多新型建筑,体现着其现代化城市化发展的独特魅力,为了让少先队员感受到家乡日新月异的发展,体验到开发建设的卓越成果,增强少先队员对祖国对家乡的无限热爱之情,从而更加快乐地拥抱生活,我们在低年级少先队和儿童团组织中开展了快乐考察活动。

感受自然景点的美丽风光——乘着车,在巍峨绵延的东海大桥上疾驰,迎面阵阵略带腥味的海风吹得人神清气爽。一望无际的海面上,东海大桥犹如一条腾飞的巨龙,气势磅礴,让孩子们大为赞叹,他们不仅感受到了现代交通建设的神奇,更感受到洋山深水港码头作为中国最大的海岛深水码头所起的举足轻重的运输地位。滴水湖是国内填海造陆开挖的最大人工湖,它碧波万顷,风光旖旎,已经成为临港地区著名景点。孩子们来到滴水湖畔,欣赏着优美的风光,感受着微凉的清风,更在湖畔开展着快乐的小队活动:自助烧烤活动、放风筝比赛等,快乐的歌声和笑声在湖边荡漾。

感受现代企业的高新技术——上海大众汽车有限公司是生产"荣威""名爵"等系列品牌车的大型汽车制造企业,他们有先进的流水线,偌大的生产车间。孩子们行走在车间内,看着一部部大型机器有序运作,看着一个个零部件最终拼凑成一辆辆造型优美的汽车,纷纷称奇。还有上海电气、中船三井等大型企业,都是高科技新技术产业园区内的新企业,孩子们用小眼睛感受着新奇的科学世界,内心充满憧憬。

2. 中年级自主体验活动——我是小小记录员

城市化进程的逐步推进,带动身边事物的飞速发展和快速变化,记录身边的变化,体现少年儿童的主人翁意识和参与意识,是我们组织中年级自主体验活动的目的。

学做小记者，寻访家乡变化——随着农村城市化的不断深入，在临港泥城地区已经有大批的建设功臣联手共建创造了奇迹。重工业产业园区内越来越多的高科技现代企业落地，宝龙广场和万达广场的建成，各种人文景观的形成等，让泥城越来越有现代魅力。学校组织队员进行了"我是一名小记者"的活动，要求队员们用摄影、采访等来记录家乡的巨变，感受家乡一步步的城市化进程。队员们在寻访的过程中，通过文字的记录、照片的拍摄感受着家乡的变迁。

学当小警察，保卫社区安全——社区的开发建设，带来了更多外来人口的涌入，治安情况变得更为复杂，为了体会民警叔叔为社区和平稳定而做的贡献，我们组织少先队员和民警叔叔一起来巡逻、站岗，感受警察叔叔为家乡保驾护航的艰辛。经济的发展使交通更加繁忙，泥城镇的十字路口人流车流众多，为了维持交通秩序，交警每日在早高峰站岗值勤。我们的队员也来了，他们身披志愿者马甲，头戴小红帽，手挥小红旗，在路口站岗，认真而负责。通过对警察叔叔的关注和自身的参与，队员们更加明确了社区的发展进步需要大家共同努力的道理，也学会了自主教育，明白了只有在自律的基础上方能他律。

3. 高年级创新实践活动——我是小小梦想家

临港地区不仅有高新技术产业，更有文化教育阵地的落成，成为我们组织高年级学生进行理想教育和创新活动开展的最佳合作单位。

科学精神渲染——中国航海博物馆：中国航海博物馆内展出着大量与航海有关的图片、模型、实物和多媒体展示材料等。博物馆建筑外形犹如两叶巨大的迎风的白帆，进入展馆，里面巨大的船模、丰富的航海知识等，让孩子们惊叹航海科技的发达。在参观学习之余，我们组织少先队员进行船模、车模、飞机模型的制作比赛。在训练和比赛中培养他们细致的观察力、灵活的动手能力和严密的科学思维能力，并结合学校科技节等活动进行创意发明比赛，让队员们从小树立科学精神，养成认真细致的科学态度。

梦想理念塑造——上海海洋大学：上海海洋大学是一所规模巨大、环境一流、教育教学水平先进的高等学府，其间校园建筑风格各异、校园环境清新优雅、校园学术氛围浓郁、校园社团活动活跃。我们的少先队员就在大学生辅导员的带领下参观优美的校园，感受学子们孜孜不倦的学习精神，也参与他们丰富多彩的社团活动：艺术氛围浓郁的歌舞社团、散发着阵阵墨香的书法社团、精气神十足的武术社团等。在参观学习过程中，队员们也和大学生们一起进行创意设计，设计了"心愿墙上说未来"、"梦想的描绘"现场绘画比赛、"小游戏对对碰"等充满创意的活动。

二、校内：整合城市化教育资源，优化少先队主体活动结构

充分地利用好城市化教育资源，不仅是带领着孩子们"走出去"感受新鲜事物，更是要把教育因素"带进来"，糅合进学校少先队各项主体活动中，使少先队活动呈现更加蓬勃的生命力。

1. 在雏鹰争章活动中注入新的目标

雏鹰争章，就仿佛是一个个进步的阶梯，吸引着队员们不断攀登，不断进步。我校除了要求队员积极争取各类必修章以外，更是结合城市化资源，结合校外实践活动，开设了多枚特色章目，不仅丰富了学校争章体系，而且为队员提出了更高更新的目标。如小记者章——要求队员有进行多次的小记者采访活动，有采访日记，有拍摄照片等，能体现家乡变化，并写好小记者工作体会等。小讲解章——结合红色泥城主题馆内的革命历史和泥城的快速发展建设故事，进行生动的讲解，做到落落大方、讲解生动等。这些章目的推出，对队员们来说是全新的挑战，他们在争章的过程中不仅增强了对家乡变化的感知，也实现了自身交际能力、表达能力等的全面提升。

2. 在快乐队建中渲染家乡特色

快乐中队是少先队员的快乐家园，要注重创建温馨和谐的氛围，让每

个孩子在集体中有归属感、安全感和幸福感。在快乐队建的过程中，我们也努力结合城市化的教育资源，呈现特色风采。在中队名称的设立上，有一个中队命名为"海洋中队"，希望自己能够向海洋大学的哥哥姐姐学习，学有所成。有一个中队命名为"航海中队"，希望大家能够热爱航海科技，在科学上勇往直前。在快乐中队的快乐活动中，更体现了城市化特征，如"说说我的家乡美""东海大桥，我们的骄傲"等主题队会课，还有"家乡的新景观"摄影比赛，"快乐游看新景"假日小队活动等。在中队的快乐环境布置上，也有不少出色的创意，如"我们是滴水湖上的小水滴"，一张滴水湖的图片水色青翠，一张张队员的头像照镶嵌其中，像极了朵朵调皮的小浪花，寓意着中队是个快乐的大家庭，每个队员如浪花般依偎在中队妈妈的怀抱中，团结、快乐、共同进步。

3. 同在蓝天下，快乐共成长

"手拉手"活动作为少先队的品牌活动，是加强少年儿童思想道德建设的重要途径。同在蓝天下，快乐共成长，手拉手活动可以让少先队员们互相关爱，互相合作，互相学习。泥城地区的快速城市化，导致外来务工人员急剧增加，我们学校也招收了许多外来务工人员的子女。为更好地帮助这些外来的孩子融入学校大家庭中，我们采用"手拉手"的方式，让队员们在中队内手拉手一起学习、一起活动，让外来务工人员的子女在手拉手的温暖中做幸福的"新上海人"。同时，学校也与航海博物馆、海洋大学等多家单位手拉手，签订合作协议，共同为青少年的健康快乐成长提供更为丰富的设备设施和更为精彩的活动内容。

4. 开创特色化的少先队仪式教育

少先队仪式是一种体现学校教育目的、经过精心设计而固定下来的礼仪活动。它借助美的教育形式，通过一系列规范化的动作、铭言和少先队员喜闻乐见的体验活动，将少先队员的作风与修养、理想与情感表现出来，对学生的心灵起着深刻、持久、潜移默化的感染效应。我们将仪式教育融入城市化因素，给队员们留下更加深刻的成长印记。东海大桥下，二年级的新队员手捧鲜艳的红领巾，迎着海风宣誓，我们更是在他们的誓言中注入了新的内容：为家乡更美好的明天而奋斗！大桥下一张张稚嫩的脸庞，拼凑成一张快乐成长的全家福，印刻在新队员永恒的记忆长河中。五年级毕业典礼上，多媒体进行照片的对比呈现，队员从稚嫩到渐渐长大，家乡从农村步入城市，五年的变化，反映在孩子的身上，也映射在家乡的变迁上。队员们明白了，家乡在与自己一起成长，而家乡明天的辉煌更需要队员们将来的建设。

临港新城的开发建设，带动家乡泥城踏上了经济腾飞、全面发展的快车道。城市化进程不仅快速提升了家乡人民的生活质量，更为我们的教育带来新的机遇和挑战。在这样独特的现实环境中，我们一定要紧紧抓住城市化进程中呈现的特有教育资源，从而丰富学校少先队活动内涵，创新少先队教育活动，搭建更加广阔的知识积累平台和实践锤炼舞台，让每一个队员都能随着家乡的发展更加"快乐、自主、创新"地茁壮成长。

第三节 注重三"从"三"依",组织特色少先队活动

充分地利用好学校周边的教育资源,结合学校发展历史和状况,契合当地少年儿童的特点,特色化地开展学校少先队活动,从而焕发出独具魅力的学校少先队光芒,是一所学校搞活少先队、构建特色少先队的重要抓手。

泥城,素有"浦东延安"之美誉,这里曾饱经革命风霜,是一片有着悠久革命历史的红色土壤。泥城,又地处上海临港新城开发建设腹地,近些年来,各类高科技企业与现代化建筑拔地而起,泥城跨上了城市化发展的快车道。伟大的时代,跨越式发展,英雄辈出,经济繁荣。历史与时代的融合,给了学校少先队极为丰富的教育资源。在这样特殊的时代,在这片特殊的土壤,学校实行三"从"三"依"工作法,构建了极具生命力的学校少先队活动体系。

一、从少年儿童的年龄特点出发,选择丰富多彩的少先队活动

不同年级的小学生,有着不同的年龄特点,少先队只有针对不同年龄孩子的个性需求,采取不同的活动方法与形式,寻求不同的活动途径,才能获得相应的理想教育效果。我们从不同年龄阶段孩子的特点出发,注重选择丰富多彩的少先队活动,让少年儿童自己去体验、感悟与收获。

低年级——生命教育启蒙:城市化进程中的泥城,绿色的农田越来越少,孩子们对农作物的认识也微乎其微。于是,农作物丛中长大的老教师,带着孩子们走进了农田。摸一摸沉甸甸的谷穗,认一认田间各式的蔬菜,闻一闻满园芳香的油菜花,孩子们不仅认识了多种农作物,更感受到

蓬勃的绿色生命之顽强、坚韧。

中年级——民族精神启迪：泥城拥有辉煌的革命历史，曾经的汇角血战，打响浦东抗日第一枪。曾经周大根烈士的"网儿虽大，捕不尽东海鱼虾，钢刀虽快，杀不尽天下贫民"的豪言至今令人热血沸腾。在红色泥城主题馆，孩子们举行隆重的清明祭奠仪式，聆听泥城革命历史的倾情讲解。那一种革命火种，燃烧成孩子心头深切的爱国爱乡之情，燃烧成对未来的立志和憧憬。

高年级——公民意识启航：高年级的少年儿童，已经是文明社区的小市民，他们也应该体验自己作为公民的责任。说说家乡的美景，描绘家乡的美图，表达对家乡的无比热爱。采访身边的人，拍摄身边的新景观，感受家乡的变迁和日益繁荣。为社区种下一棵棵树苗，成就明天的绿色。走入社区，成为社区爱护环境、宣传文明的小小志愿者。孩子们用自己的行动，履行着作为一名小市民的责任和义务。

二、从少先队员的优势需要出发，设计生动活泼的少先队活动

所谓优势需要，是指人的需要系统当中处于优势、占主要位置的需要。少先队员的优势需要，是指少先队员在不同时期、不同环境、不同条件下最迫切的活动需求。

运动竞技的需求：当孩子们被过重的学业负担所累，渴望体育锻炼、渴望生动活泼的文体活动的时候，学校大队部结合学校"小足球"校本特色，大张旗鼓地推出"中队小足球循环大奖赛"，每个中队成立足球队，各年级进行循环竞技。孩子们在竞技比赛中感受着团队合作的价值，在汗流浃背中磨炼坚强的意志品质。

琴棋书画的需求：运动创造着激情，而琴棋书画则散发着优雅又睿智的气质。学校少先队以社团的形式开展各类艺术活动。电子琴社团的孩子们轻触琴键，美妙乐声如行云流水，使人心旷神怡。围棋社团的孩子们斗

智斗勇，在黑白世界中展示谋略。儿童画社团的孩子们手执画笔，用爱美的心和灵巧的手描绘着精美图画。

"魅力芦苇"特色的创建：结合学校"魅力芦苇"校本课程，少先队设计开展了系列的特色芦苇艺术活动。瞧，魅力芦苇社团的孩子们在行动：制作芦苇风车比赛、包粽子比赛、制作芦苇画比赛……小小的芦苇，营造出浓浓的艺术氛围，在培养孩子们动手动脑能力的同时，大大增强了他们的创新意识。

三、从儿童组织的分层教育出发，构建适宜感人的少先队活动

红领巾有红领巾的需要，小苗苗有小苗苗的需求，遵循分层教育的原则，我们设计"阶梯式"教育，让队员们攀登一个个成长阶梯，层层递进，茁壮成长。我们以仪式教育的形式，在各年级开展不同主题的主题仪式教育活动，让孩子们在庄严的仪式氛围中进行情感的熏陶、心灵的涤荡。

一年级——"我是小学生，做个好苗苗"小苗苗入学仪式

一年级的孩子刚刚踏入校门，对于小学校园生活一片懵懂。于是，我们带领着他们学习礼仪，学习规范，还带着他们来到"向红"苗圃，感受苗圃中蓬勃的生命，让孩子们感受到生命的美好和成长的愉悦。我们举行隆重的入学仪式，学学拜师礼，敲敲状元鼓，家校共绘"小学毕业蓝图"，让孩子们展望五年后的自己。

二年级——"我爱红领巾，我爱少先队"少先队入队仪式

戴上鲜艳的红领巾，是每个小苗苗的梦想。我们带着苗苗们来到雄伟绵延的东海大桥边，在引桥下举行隆重的少先队入队仪式，迎着海风，手捧红领巾，凝望大桥，孩子们感受到家乡的美丽和强盛，也意识到未来建设家乡的重任。

三年级——"我是一个有爱心的孩子"志愿服务营入营仪式

小小少年，也是社区的小居民，应当有爱心，乐助人。对三年级的少

先队员，我们确立了"爱心服务三个一"行动——一次建国养老院探望孤老行动，一次社区军烈属慰问行动，一次社区宣传服务行动。孩子们或在养老院载歌载舞，让爷爷奶奶们享受天伦之乐，或在军烈属慰问中了解曾经烽火泥城的光辉岁月，或在社区奉献着自己的小小力量。每一次行动都可积累"爱心章"，可贴于"志愿服务护照"，累计满十枚章，即可在志愿服务营入营仪式上成为志愿服务会会员。

四年级——"我十岁了，我是一个有责任心的孩子"生日仪式

我们为四年级的全体队员举行集体生日仪式，仪式上，孩子们感言十年来的成长，家长们致信表达对孩子们的祝贺和期望。手捧蜡烛，品味着香甜的蛋糕，孩子们觉得自己长大了。仪式之后，我们组织开展"感恩父母"活动和社区志愿行动，担任社区的交通管理员，纠察社区的不规范用字……少年的责任，在一次次的行动中予以体现。

五年级——"感恩母校，说不完的深情厚谊"毕业典礼

回首小学五年生活，孩子们对老师和父母有说不完的感谢。在毕业典礼上，通过PPT，孩子们看到了自己在学校五年来点点滴滴的成长和快乐，一个个画面唤起他们最深情的记忆。典礼上，他们通过朗诵和歌曲等表达着自己的依恋、不舍和感谢，也表达着对未来的憧憬和畅想。

四、依托乡土资源，丰富少先队活动

泥城，是一片物产丰富的土壤。这里有景色优美的自然景观，有美丽雄伟的现代建筑，更有鲜香味美的各式特产。依托着如此丰厚的乡土资源，我们的少先队活动如火如荼。

我是小小考察员：泥城小学的小小考察员感受着东海上犹如腾飞巨龙般的东海大桥，感受着碧波万顷、风光旖旎的滴水湖，也感受着神奇的上海汽车如何把一个个零部件整合成一部线条流畅、功能齐全的荣威汽车。孩子们用小眼睛感受着瑰丽的大世界。

我是小小记录员：孩子们用手中的相机记录下家乡的变迁，记录下身边的美景，并以小记者报道的形式写下他们的感受。在社区外来人口激增的情况下，孩子们还与警察叔叔一起去巡逻，进行外来人口的清查登记，为社区的文明有序贡献自己的一份力量。

　　我是小小实践家：走出校园，步入广阔的社会大世界。在镇区争创文明社区的日子里，我们的少先队员走上街头，用自己的小手牵起大人的手，倡议大家都来做一个有道德的人。他们走进了面包房，学着服务他人，义务劳动。他们走上泥城镇的百姓戏台，以精彩节目赢得社区居民的阵阵掌声。

　　我是小小梦想家：有梦，才有未来。孩子们走进中国航海博物馆，感受着航海科技和知识，开展船模车模制作比赛；走进海洋大学，领略大学校园里充满异域风情或现代风格的校园建筑，参与快乐的社团活动。

　　丰富的乡土资源，就是孩子们快乐实践和体验的肥沃土壤。少先队员们考察、记录，充分感受着家乡的美丽富饶。他们放飞梦想，畅想着美好的未来。

五、依据地域特点，创新少先队活动

　　泥城具有独特的地域特点，有着丰富的革命历史资源。著名的"汇角血战"打响了浦东抗日第一枪，著名的革命烈士周大根、沈千祥等英雄的名字永远让后人铭记。"四小行动，红色寻根"活动项目成为学校少先队活动品牌。

　　小小讲解员：每年清明，泥城小学的师生来到红色泥城主题馆，举行庄严肃穆的扫墓仪式，鞠躬、敬献花圈、默哀、聆听革命史迹。我们学校的小小讲解员们隆重登场，他们落落大方、声情并茂，为前来参观的老师同学及各类社会人士带来最生动的讲解。

　　小小艺术家：利用家乡的芦苇，孩子们用自己灵巧的双手和绝妙的创意，创造出奇迹和美丽。运用芦苇身体的各个部分，可以制作成精致的芦苇小屋、美丽的芦叶船、飘摇的芦叶风车等。他们还制作了一幅幅美丽的芦苇画，把校园装扮得分外美丽。

小小炊事员：为感受红军长征途中那些身背餐具、为军人们准备饭菜的炊事员的辛勤，我们的假日小队开展野外野餐活动。队员们自己捡柴火，自己烧火，自己做饭，娇生惯养的孩子，也尝到了自己制作的"美味"，也许焦了，也许煳了，也许很难吃，但他们领悟到了"自己动手，丰衣足食"的道理。

小小侦察员：曾经的芦苇荡里，有着枪声，有着战士与敌人迂回作战的故事。少先队员们跟着辅导员，走进密密层层的芦苇荡，寻访当年战士走过的痕迹，聆听芦苇荡里的战斗故事，感受着革命前辈的勇敢、顽强、机智。

六、依靠基地网络，开展少先队活动

泥城拥有非常丰富的地区教育资源，我们构建了泥城小学社区教育基地网络，通过开展基地网络活动，让所有泥城小学的少先队员们通过五年的走访活动得到全面的锤炼和提升。

一年级社区基地——临港空军部队

孩子们走进军营，看军人整洁的宿舍，看军人整齐的队列，看军人怎样叠起那一床床如雕刻出来的被褥。在军人身上，孩子们懂得了要遵守纪律、报效祖国。

二年级社区基地——红色泥城主题馆

通过祭奠仪式和参观学习活动，感受泥城地区辉煌的革命历史，感受革命前辈闪闪发光的精神品质，对家乡的无比热爱油然而生。

三年级社区基地——航海博物馆

在雄伟的航海博物馆里，孩子们了解航海历史和现代航海科技，在他们心中生起了一个个驰骋大海的"航海梦",梦想着能够在未来航行大海、周游世界。

四年级社区基地——临港阿特拉斯企业

阿特拉斯是一家空气压缩现代企业,孩子们步行在现代化的工厂车间,听着介绍,似懂非懂地了解着神奇的现代科技,感受着科技改变世界的真谛。

五年级社区基地——海洋大学

海洋大学是在孩子们身边的高等学府,是一所有着深厚文化底蕴的高等院校。孩子们走进校园,了解海洋大学悠长而辉煌的校史,参与校园社团活动,感受校园学术氛围,他们也开始有了自己的理想信念——我未来想去的大学。

每一片土壤,都有自己特殊的养分;每一所学校,都有自己独特的教育。在泥城这片充满魅力的土地上,在泥城小学这所充满活力的学校里,我们利用少先队组织这片乐园,创造性地以三"从"三"依"工作法入手,开创极具特色的少先队活动天地,让每一个孩子都能在这片天地中实践、体验、感悟、收获,让每一个孩子都能快乐地成长为最好的自己。

第四节 注重创新培育,组织主题教育课活动

主题教育课,是班主任根据学生的发展需求和年龄特点,遵循教育规律,有目的、有计划、有步骤地对学生开展专题教育的课堂组织形式。在班主任的日常教育活动中,主题教育课是一个非常重要的教育阵地,它是一种以老师讲述为主导、学生参与为主体的互动式课堂活动。形式多样的主题教育课活动,可以让学生更好地发挥主动性,在开放性的课堂活动中生成问题意识、实践精神和创新思维,实现学生的综合能力的全面提升。

一、智慧碰撞,在主题选择上激活学生发散性思维

如何选择更贴近学生主体需求的主题教育课主题,这个任务我们应该要下放给孩子,让他们用敏锐的眼睛去发现,用迸发的智慧去碰撞,从而找到适合学生成长所需的主题。

1. 由点及面,生活中选题时的发散性思考

我们的生活丰富多彩,其中必然有所得、所失、所思、所惑,从自己所处的这一个点,到我们周边的家人、老师和同学一个庞大的生活面,我们想知道什么,想了解什么?鼓励学生去寻找,去发现。比如有的孩子可能会去留心观察家人的表现:爷爷奶奶退休,在家照顾家人的生活起居;妈妈白天忙于上班,晚上陪伴孩子学习和活动;爸爸却常常自顾自玩手机。在对家人的发散性考量之后,他提出了疑惑:爱玩手机的爸爸,究竟算不算一个好爸爸?于是,老师可以切合这个主题,进行"我的爸爸"的主题教育,通过引导为孩子解惑。在这样的选题过程中,孩子的视线非常宽阔,不仅在人物选择上从宽泛到聚焦,也在人物特点上从全面评价到切

片剖析，这样的选择，让孩子学会了发散性思考。

2. 由此及彼，热点中选题时的发散性比较

热点包含的内容非常广，比如学校生活热点、班级突发情况热点、节日节气热点、时事新闻热点等，让孩子们学会在热点中进行比较，选择最迫切需要了解的话题，让主题教育实现更强的及时性和有效性。比如在党的二十大会议期间，我们的周围有着海量的新闻和报道，如何选择主题以更贴近学生？我们的孩子自己去进行了比较。他们觉得，党的二十大报告中的许多内容对小学生来说，目前还无法完全理解；但是如果有机会让他们了解一下党的十九大到二十大期间祖国的变化，他们则会非常感兴趣。于是，"二十大，我们看中国"的主题，让孩子们非常欢迎。

二、问题引领，在材料收集上培育实践探索精神

有了主题的导向，让孩子们把主题转化成开放性的问题，自主地去收集活动所需的材料，在亲身活动的过程中努力去探究知识，从而生成探索性的实践精神和能力，这是一种非常重要的问题解决的能力。

1. 学会发现，从自己身边挖掘资源，收集材料

我们的身边充满丰富多彩的学习和活动资源，如何去发现、挖掘和利用，从而为主题教育课注入更加鲜活的能量，这需要孩子们去尝试探究。比如我们开展一次"走近119"的消防安全主题教育，孩子是这样挖掘资源的：有一些孩子邀请了某一位消防员爸爸，为他们带来一次生动的消防讲座。有一些孩子请家长组织，前往参观了消防中队。有一些孩子则拿起照相机，走进社区，走进企业，拍下一张张消防设备设施的照片。在收集材料的过程中，孩子们自己寻找和发现，自己策划和组织，开辟了一次次实践探索之旅。

2. 学会选择，从多种媒介寻找，筛选有用信息

社会高度发展，我们身边的各种媒介非常丰富，书籍、报刊等传统媒

介、网站、微信等现代媒介，都可以为孩子们提供很多信息，进行有用信息的筛选是一种非常重要的能力。比如我们开展"烟雨蒙蒙话清明"的主题教育之前，孩子们纷纷寻找相关的学习材料。有一个孩子承担的任务是"寻找清明节来历的视频"，于是他上网进行搜索，搜索后出现了非常多的视频，如何选择就成为摆在他面前的课题。他仔细思考和比较，觉得应该按照以下的标准进行选择：① 视频最好是动画形式，更适合小学生观看。② 视频应该尽量简短，不能占用太多课堂时间。③ 如果以小故事的形式呈现，会更加具有可看性。依据这样的标准，他比较快速地寻找到了一份5分钟左右的动画版《清明节的来历》，受到老师和同学的一致表扬。

三、活化形式，在课堂体验活动中培育创新精神

选择合适主题、收集相关材料之后，班主任老师进行主体设计和串联，形成一份源自学生需求的主题教育课方案，并且选择灵活多样的活动形式，让孩子们在丰富的参与体验下培育创新精神。

1. 开放提问，在天马行空的问题探讨中生成创新思维

主题教育课以老师的陈述为主导，所以师生对话是其中非常重要的部分，在课上进行开放性的提问，有助于孩子们充分发挥想象，形成创新性思维。比如在"我是班级的小主人"主题教育课上，首先抛给孩子们的问题就是：班级的小主人应该是什么样的人？孩子们纷纷开动脑筋，从不同的侧面进行回应，有的说："班级的小主人是乐于为集体服务的人。"有的说："班级的小主人是在集体中起引领作用的人。"有的说："班级的小主人是爱护集体公物的人。"……不同的孩子，从不同的角度进行了阐述，为同伴们不断打开新的视野。

2. 精彩游戏，在出其不意的别样体验中增强创新意识

游戏是非常适合小学生的活动形式，它以活泼、生动、有趣、寓教于乐的形式，深受老师和孩子的喜欢。通过精彩的小游戏，让孩子们在快

乐的游戏体验中感受到出其不意的过程和结果，可以打破他们原有的认知领域，获得不一样的创新意识体验。比如在"如果快乐你就拍拍手"的主题教育课上，可以进行一次"拍手大竞技"的小游戏，班主任先试探："我给你们10秒钟，你觉得自己可以拍手多少下？"孩子们纷纷回答："10下。""20下。""25下。"……回答基本都在30下以下。于是班主任让孩子们参与游戏实践，以秒表计时的方式让孩子们拍手10秒钟。拍手游戏结束，孩子们纷纷惊叹，并高举小手要发言，一个孩子说："老师，我竟然拍了63下，我拼命地拍，速度原来是那么快，我觉得自己的双手可以创造奇迹。"另一个孩子说："原来，现实远远超过我的想象，我拍了55下，我觉得以后在想象过后，我一定要努力去实践，说不定会有意想不到的成果。"……一个小小的游戏，让孩子们在深切的体验中拓宽了视野，在大呼惊奇之后生成了创新意识。

3. 小组合作，在形式丰富的任务完成中形成创新能力

集体的智慧是无穷的，小组合作的能量是无限的。在主题教育课的过程中，要组织形式丰富的小组合作活动，让孩子们在团队中进行合作、互助和互补，不断探索进行创造性活动，从而培养他们的创新能力。比如"安全陪伴成长"的主题教育课，班主任布置了"过马路情境模拟"的小组任务，让孩子们在合作中排演，于是各个小组成员立即行动，首先进行人物的设定，再进行场景的预设，然后是故事的设计，最后才是小组分工和排练。之后，将"带着妹妹过马路""爱闯红灯的奶奶""斑马线上的摔跤事故"等不同风格的情境一一呈现，孩子们不仅如导演般进行剧本的创作，还如演员般进行场景人物的刻画，语言、思维、表情、动作等方面都有创造性的表现，可谓精彩纷呈。

四、引导反思，在评价总结后引领高阶思维技巧

高阶思维技巧，指的是活动过后的分析、综合和评价能力。主题教

育课过后，班主任要对学生在课上的表现进行总结，让孩子们学会自我反思，回顾上课过程，对自己和同学的表现进行分析和评价。班主任老师可以设计评价表，对孩子的一些具体指标进行分层的目标达成设定，让孩子自己去回想并评价。比如设计"是否积极参与问题回答，是否有比较有创意的想法"，可以让孩子对自己回答问题的情况进行总结，如果在创造性回答问题方面表现好的孩子，他会在自我肯定之后继续努力，而对于在这方面表现不佳的孩子，他也会自我反省，并积极地去努力改善，期待着在以后的课堂提问中有比较出彩的回答等。通过反思培养孩子的分析、综合和评价能力这种做法，是促进学生探究能力提高的重要链接，搭建了主题教育课体系间的互促桥梁，为孩子探究能力提升提供了更加广阔的空间。

主题教育课的功能，可能更多在于知识的积淀和情操的陶冶，更多地体现于"动之以情，晓之以理"。我们可以通过在主题教育课上学生自主自动的探索发现，拓宽主题教育课的内涵和外延，让其还能"导之以法"。让孩子们学会用更开阔的视野、更多样的思维、更创新的做法来触摸越来越精彩的世界，从而真正成长为具有较强综合能力的现代智慧少年，为他们未来的发展埋下一颗创意的种子，并在将来开出个性化的创造之花。

第三章

特色活动·活跃力
——多彩实践中的感悟

第一节　聚焦诗词经典，开展古诗文特色章活动

第二节　聚焦美丽中国，开展文化传承活动

第三节　聚焦红色传承，开展少年追梦活动

第四节　聚焦传统文化，开展寻根追梦活动

如果快乐的校园生活是一首歌，那么多彩的校园活动便是这首歌中的高潮部分，唱响学生们最快乐激昂的成长乐章。学校应当多根据学校的办学理念、文化特色等组织丰富多彩的校内活动，以不同的活动主题、活动形式、活动内容、活动实践，激活学生们的成长能量，让他们在喜闻乐见的校园特色活动中活跃身心、缔结友情、全面发展。

各类特色活动的开展，可以让学生们在丰富体验中得到成长感悟。

传统文化传承树底色：中华五千年优秀传统文化是历史文化瑰宝，应该要成为学校活动的主旋律。学校要充分利用好各种传统节日、诗词歌赋、中华美食、中国戏曲等教育资源，结合学校的办学文化，恰到好处地融入学校的德育活动体系中，使中华传统文化成为学生活动的重要内容，让学生们在学习认知、实践体验中，潜移默化地得到传统文化的润泽，为自己的人生染上华夏儿女的文化底色。

夯实爱国情怀铸基因：我们必须始终坚持"为党育人，为国育才"，把学生培养成为社会主义事业的合格建设者和接班人，是学校教育的使命。学校要深入挖掘地区资源中的爱国教育元素，融入学校德育实践活动中，让爱国主义教育成为德育教育永远飞扬的情怀。学校可以以小见大，从爱学校、爱家乡的基础做起，充分挖掘学校文化教育资源、家乡文化教育资源，再融入对国家层面的历史和文化的学习，让爱国爱家成为每一位学生的血脉基因。

多彩实践活动悦身心：对小学生而言，生动活泼、意趣盎然的德育实践活动，对于他们的教育引导意义非常重大。学校要善于"以生为本"，从学生的视角出发，让学生参与设计各类校内活动。活动形式要活泼，更多呈现游戏化、情境化、项目化、未来化。活动内容要宽泛，涵盖德智体美劳多个领域，建设五育并举的活动天地，让学生在其中愉悦身心，为未来奠基。

第一节 聚焦诗词经典，开展古诗文特色章活动

古诗是中华灿烂文化的瑰宝，指导学生读一点儿古诗，对继承和发扬中华民族优秀文化、开拓学生知识视野、陶冶学生情操、切实打好学生读写基本功有着积极意义。开展古诗文诵读，在对学生进行爱国主义教育、情感教育，发展学生的想象能力、思维能力和创新精神方面起到不可估量的重要作用，它能让学生继承民族文化的精髓，积累中华民族优秀的文化底蕴，提高文化素养，培养审美情趣和能力。

少先队争章活动是队员们喜闻乐见的活动，学校兴趣章也本着"向社会三百六十行学艺"及体现地区、学校特色的宗旨，发挥着独特的教育作用。兴趣章活动，是活动课程的新生点，是活动课程的创新发展，它具有个体性、自由性、多样性、灵活性，更能显示学生的主体性和个性化。它能更好地激励、吸引学生自选自定项目，不断地学习自己感兴趣的"新技能"，掌握多种多样的"小本领"，成为多面"小能手"，为以后掌握新技术、适应未来社会对人才的多样化需求做好全面准备。

古诗文诵读是我校的特色，学生每天10分钟的诵读使学生在古诗量的积累上有了一大进步。学校兴趣章的争章是全面锻炼学生技能、培养学生能力、体现学生自我价值的一种极好途径，将古诗文诵读与雏鹰兴趣章进行有机的融合，既可发展和深化学校古诗文诵读工程，又可扩大和丰富学校雏鹰兴趣章系列内涵，充实少先队活动内容。将古诗文诵读延伸至少先队雏鹰争章活动，开创古诗文系列章，是锻炼学生能力和增强人文涵养的绝好载体，对现在身处新时代的少年儿童而言，具有极其重要的教育意义。

一、少先队古诗文系列章的开发

根据学生的年龄特征，结合学生各种技能的发展，制定出有一定特色和进度性的兴趣奖章。奖章设置如下：

年级段	章 目	达 标 要 求
低年级	古诗诗人章	1. 知道10个以上诗人的名字、朝代、生平 2. 吟诵相关诗人的1～2首作品
低年级	古诗故事章	个人：1. 知道5个以上古诗故事 　　　2. 能当场讲1个古诗故事，要求有表情有动作 集体：1. 各成员分工明确，都有相关的学习、收集过程的参与和证明 　　　2. 能共同收集平均3个以上故事，进行共同学习和互相表演 　　　3. 随意抽取其中1～2名成员当场讲一个故事
中年级	古诗吟唱章	1. 能背诵古诗20首以上 2. 能吟唱3首以上古诗，有表情，有动作
中年级	故事新编章	个人：1. 能讲5个以上古诗小故事 　　　2. 能根据古诗诗意改编故事，合乎情理，富有趣味，有2～3个自编小故事 　　　3. 当场讲1个自编的古诗故事 集体：1. 分工明确，能收集平均3个以上古诗故事 　　　2. 有平均2个以上的自编小故事，故事情节相对丰富 　　　3. 任何一个成员都能当场讲1个自编故事
高年级	诗意想象画章	1. 能根据古诗内容讲述诗意 2. 有2～3幅想象画作品
高年级	新诗创作章	个人：1. 有5首以上自创小诗 　　　2. 当场根据主题作诗1首 集体：1. 有平均3首以上的自创小诗 　　　2. 能进行相互的协作，在很短的时间内根据主题作小诗 　　　3. 任何成员都能吟诵已有自编小诗
各年级	古诗诵读章	1. 能随意吟诵本年级段的古诗10首以上，不漏字，不多字，不读错，不读破句 2. 能有韵味地通过吟诵展示古诗的味道，知道作者的心情、诗歌的基调

续表

年级段	章目	达标要求
各年级	古诗积累章	个人：1. 能熟练地背出学习过的所有古诗 2. 能根据题目或诗人等方面的提示展示古诗 3. 能当场进行古诗的有关表演 集体：1. 能共同积累学过的所有古诗 2. 能互相根据提示展示古诗 3. 每个成员都能表演古诗节目
备注		1. "各年级"中章目是指每个年级段的学生都可以争的章目 2. 有个人和集体之分的章目可以是学生自己争，也可以几个学生合作来争 3. 虽然各章目有年级之分，但是学生也可以根据自己的能力跨年级选择自己能力所及的章目

二、少先队古诗文系列章的实施途径

（一）实施原则

1. 创新性原则：在章目内容中有所创新（各个章目的名称和内容都是首创的）；在选择方法上有所创新（学生可以选择本年级段章目，也可以跨年级段选择章目）；在争章组织形式上有所创新（可以争个人章，也可以争集体章）。

2. 自主选择原则：学生可以根据自己的喜好自由选择章目进行考章，可以选择本年级段任何章目，亦可以跨年级段选择章目进行考章。

3. 自由组合原则：学生可寻找与自己意趣相投的伙伴进行小集体争章，可以是两个同学、一个小队、一个小组共同争章，也可以跨班级、跨年级找伙伴携手一起争章。人数一般在5人以内。

4. 积累性原则：学生的争章过程是古诗文经典的积累过程，是各种能力素质综合发展积累过程，更是人文修养和底蕴的积累过程。

（二）组织形式

1. 中队辅导员组织辅导考章：中队辅导员利用班队会、诵读等时间对学生进行辅导，辅导员根据学生平时表现和具体要求进行考章。

2. 专职辅导员组织辅导考章：让学校的技能类专职教师辅导学生，也可以请某些有专长的教师、校外热心人士及知识分子家长等进行辅导，可举行专题讲座或定时定点进行辅导并验收考章。

3. 互相辅导考章：根据学生之间的差异进行互相辅导，可请有这方面专长的同学或已争得某枚章的同学做辅导，这方面比较欠缺的学生可自己去寻找身边的小辅导员，也可跨班级、跨年级寻找自己的"小师父"。

三、少先队古诗文系列章的实施效果

1. 以古诗文为媒介，形成了具有人文特色的雏鹰兴趣章体系

学校古诗文兴趣章的设立和实施，更能体现学校德育工作和少先队工作的特色和生命力。依托学校每天早晨10分钟的古诗文诵读和辅导员们在几年的古诗文教学中所积累的比较丰富的辅导经验及学生所积累的古诗文，古诗文特色章应运而生，它的出现非常贴近学校发展实际，受到老师和学生们的欢迎，也积极有效地推动了学校争章活动的深入和发展，使整个兴趣奖章体系更为生动和完善，具有了一定古诗基础的学生争起古诗系列章来显得更加拿手、更加自信，学校争章活动也就愈加蓬勃起来。

2. 增加了学生学习古诗文的兴趣，促进古诗积累量和争章率的提高

通过对古诗文系列章的进一步深入推广落实，学生对古诗文的学习兴趣更为浓厚，为了获得更多的奖章，或两两相伴或三五成群或全组全队进行古诗的诵读演绎，不仅能背诵古诗，更能比较准确地把握古诗的内涵，达到古诗的内化吸收。古诗文系列章成为一座座小小的待攀的山峰，吸引着孩子们的投入参与，争章率和得章率也节节攀升。

学生对古诗积累量及理解情况调查表

年级	每周1首以下	每周1~2首	每周2首以上	基本不理解	理解一半古诗	大部分理解
一年级	25%	70%	5%	9%	68%	23%
二年级	15%	73%	12%	7%	62%	31%
三年级	7%	75%	18%	8%	44%	48%
四年级	11%	72%	17%	5%	31%	64%
五年级	8%	69%	23%	2%	12%	86%

从表中可以看出大部分同学都能每周背诵一首以上的古诗，对古诗所表达的含义也大都能领会。学生在整个小学阶段，按每周一诗的学习进程，绝大部分学生可以学到近200首古诗文。为了得到奖章，孩子们也充分地利用课余时间尽可能多地进行古诗的自学理解，在古诗学习上较之前更为认真和迅速，甚至有不少学生还自发搜集一些古诗文佳作，以加快争章得章。

学生参与古诗文考章和获得奖章情况调查表

年级	参与考章	获得奖章1枚	获得奖章2枚	获得奖章3枚以上
一年级	95%	10%	81%	8%
二年级	96%	5%	70%	24%
三年级	95%	6%	56%	38%
四年级	99%	3%	26%	69%
五年级	100%	2%	2%	94%

由此可以看出，大部分孩子已积极地参与了古诗文系列章的考章活动，并有相当一部分孩子已考出了三枚以上的古诗文系列章。古诗文系列章的活动已深入每一名学生心中，他们为了获得更多的奖章而积极地投入相关的活动中去，使古诗文系列章的争章和得章率都达到了95%以上。

3.古诗文系列章是学生丰富的实践活动天地，成为学生展示个性的舞台

兴趣活动不仅可以让少年儿童丰富充实生活内容、陶冶情操，发展

个性，更能促使他们主动地去注意新事物、探究新问题、开拓知识面，加强他们动手操作的本领，培养他们创造性解决问题的能力。古诗文系列章以其涉及音乐、美术、创作等多领域技能的丰富内涵和宽阔的活动拓展空间，成为学生们增加知识、锻炼能力、培养创新精神和实践能力的绝好途径。学生们都能充分地挖掘潜能，依托古诗文本身所蕴含的文化底蕴，开创精彩纷呈的活动形式和内容，从而充分展露才华，展现个性。

特别是在一年一度的诗歌节上，以说古诗、唱古诗、演古诗、画古诗、创新诗等多种形式的古诗文系列章为核心而衍生的各项活动中，大部分学生积极投入其中，一个个"小诗人"以出色的表演才能和艺术才华成为诗歌节上一抹抹亮色。

4.促进了学生间合作交流，增强了团队合作意识

由于古诗文系列中各年级段都有一枚章可以以集体形式来争，为了更好更快地获得奖章，学生们会寻找自己的伙伴或能力相对比较高的、能互补的学生进行组合争章，这就在无意中促进了学生之间的合作，一些能力相对较弱的学生也能在团队的力量中取人之长补己之短，从而更容易获得奖章，其自信心慢慢建立，学生间的团队合作意识也逐步增强。

学生们已经意识到，依靠大家的智慧和力量解决起事情来更加有效，他们在实践的学习和活动中也往往会比较主动地选择合作交流的方式，长此以往，培养了他们的集体荣誉感，他们会将自己的个人行为放在集体中予以衡量，从而寻找到更快更好的解决方法。

四、少先队古诗文系列章实施的实践意义

1.培养学生的爱国情操，培养学生人文精神和积淀文化底蕴

《中共中央国务院关于进一步加强和改进未成年人思想道德建设的若干意见》提出："从增强爱国情感做起，弘扬和培育以爱国主义为核心的伟大民族精神，深入进行中华民族优良传统教育，从小树立民族自尊心、自

信心和自豪感。"随着时代的发展,"立德树人,五育并举"成为教育基本理念,而我们的古诗文系列章的产生,正是深入促进德智体美劳全面发展的教育契机。古诗文作为中华民族的优秀文化精髓,对于学生的人文精神的培养和深厚文化底蕴的积累有着无可替代的重要作用,其中不乏大量的爱国之情、友情、亲情的佳作,也有抒发心声、赞美祖国大好河山的精品,这对学生了解历史、尊重历史、热爱祖国、热爱生活是大有益处的。而把它纳入竞争型、合作型的奖章体系,无疑是将它驶上了载学生前行的快车道。

学校五年级的张同学在他的争章日记中写道:"说起李白,就会想起李白的一些诗,像《三五七言》,诗中表达了诗人对思念故人而日后不能相见感到可惜,于是,在这秋风凉爽、秋月明亮的夜晚,写下这首思亲诗。诗中写道:'相思相见知何日,此时此夜难为情。'多么富有相思情啊!又想起他的一首诗《登金陵凤凰台》,那是面对国难临头写下的爱国诗,字里行间充满了对奸人的切齿痛恨、对贤者报国无门的无奈,而自己却身在异处,远离京城,多么令人忧愁!"学生把在争章过程中的感悟和体会在日记中深情流露,把他内心对古诗的理解、对诗人的敬佩表露无遗,也凝聚了其吸收的可贵的爱国精神、人文思想。

2.夯实学校少先队兴趣章体系,成为少先队个性化发展的新起点

本着让学生"在记忆的黄金时代,熟背中华古诗文经典,从小接受中华民族的优秀传统文化的熏陶,以获得终身受益的古诗文经典的基本修养"的目标及"以学生发展为本,扬其个性,显其才能"的进度性少先队奖章的设定原则,经过广大学生和教师的酝酿交流以后,我们委派了各年级的教学骨干及部分体卫艺科的特长教师一起设计了八枚分年级阶段的递进性奖章梯队,这八枚章的制定遵循了以下原则:

(1)适宜性原则:根据学校实际,比较适合小学生的身心发展,奖章的设置比较切合学生的实际能力和认知水平。

(2)提高性原则:能根据各年龄阶段适当提高要求,让学生有"跳一

跳摘果子"的动力，以促进学生能力的有效发展。

（3）趣味性原则：奖章的设置采用了学生较为喜爱的讲故事、唱歌曲、想象画、小诗创作等学生喜闻乐见的形式，学生兴趣十足，很容易接受。

（4）层次性原则：根据不同年龄层次学生不同的能力发展水平设置奖章，由浅入深，注重了铺垫和衔接，层层递进，犹如楼梯，让学生不断进步。

奖章的设立和实施，成为学校少先队工作的新亮点，推动了少先队工作的快速发展，也以它的新颖和活跃博得了广泛的好评。它也成为我们少先队工作的新的增长点，指引新时期少先队工作的更个性化、特色化和高优化。

3. 促进教师素质能力的提高，加速教师队伍良性发展

有学生积极投入奖章活动，必然就有教师的积极投身辅导，从而迫使教师自觉地吸收新鲜事物、掌握更多技能以适应学生日益提高的辅导需求，教师在自觉或不自觉中向着一专多能型和研究型、辅导型新教师形象转化。

学校充实校本培训体系，从实际需求出发，强调实用性、应用性和针对性的统一，结合学校教科研力量，促进教师的个性化发展，真正让其学以致用，成为教、辅多面手。

通过古诗文系列章的积极推广，更多的教师被学生聘为技能奖章辅导老师，老师与学生共学习、共体验、共成长，他们的教学辅导能力、科研创新能力、活动策划能力等得以充分调动和提高，极大地促进了教师的能力发展，而互相的交流合作和探究，让整个教师队伍都呈现出积极的成长态势。

4. 深化校本特色，加速学校个性化发展进程

学校作为一个社会教育机构，个性魅力是办学生命力强弱的重要标志，实现学校的可持续发展，必须将个性予以张扬和深化，让其具有不竭的生命力。

古诗文系列章作为学校古诗文特色教学的一个分支，是学校特色工作的延伸和再发展，它以自身的独特魅力和极强的生命力彰显了无限的发展能量。可以说，在学校古诗文特色创设了一种浓厚的文化底蕴之后，它以一股清新之风再掀起一股古诗现代潮，以现代的眼光诠释古诗，发扬古诗，使"古诗文特色"作为学校的个性化历程又着实迈出了前进的一大步。

古诗文特色章，它以丰富深厚的古诗文经典为基础，以技能性涵盖多种才能的丰富活动形式，充分引起学生的学习和活动兴趣，促进了学生的能力发展和个性张扬，较好地培养了学生的自主自动力、团队合作精神及创新精神和实践能力，成为学校少先队工作的崭新起点，同时促进了教师的专业化和多能化发展，为学校可持续性的个性发展也起到了推波助澜的作用。

第二节　聚焦美丽中国，开展文化传承活动

中华民族历史悠久，中华文明源远流长，中国传统文化博大精深。弘扬和传承中华优秀传统文化，让传统文化焕发蓬勃生机、展现独特风采、绽放时代色彩，是每一个中华少年的责任。学校开展"美丽中国，文化传承"暑期系列活动，开展民乐、诗词吟诵、传统书画、中华美食、传统建筑、民族服饰、传统工艺和中国戏剧八个系列的活动，取得了非常好的活动效果。

一、活动背景

2017年1月，中共中央办公厅、国务院办公厅印发了《关于实施中华优秀传统文化传承发展工程的意见》，指出"要围绕立德树人根本任务，遵循学生认知规律和教育教学规律，按照一体化、分学段、有序推进的原则，把中华优秀传统文化全方位融入思想道德教育、文化知识教育、艺术体育教育、社会实践教育各环节。"我们明珠临港小学高度重视传统文化传承工作，将其融入学校的教育教学全过程中。学校以"美丽中国，文化传承"为主题，选择了八项主要内容，践行了一场丰富多彩的暑期文化传承之旅，孩子们在这一场文化之旅中，增强了对传统文化的认知和理解，并以慧心感受经典，以慧手传承经典，用自己的积极参与和用心体验实践对中华传统文化的传承和发展。

二、活动设计

选择贴近生活的文化传承主题，选择适合学生年龄特点的活动内容，我们通过协商策划，制定了适切的活动内容。以"手册+网络"的推送形式，开设八大主题内容，形成一套丰富绚丽的传统文化传承系列活动。

明珠临港小学"美丽中国，文化传承"系列活动

活动项目	活动内容	活动时间	活动地点	辅导员
经典诗词我来诵	每天诵一首古诗	7月、8月	家里	家长
	介绍一位诗人	7月、8月	家里	家长
	诗词吟诵专场比赛	7月6日下午	学校阶梯教室	王老师
书画艺术我来绘	认识两位书法家和两位画家	7月、8月	家里	家长
	完成一幅书法或绘画	7月、8月	家里	家长
	书画艺术专场比赛	7月9日上午	学校书画教室	沈老师
中国民乐韵味足	画一画你认识的民族乐器，介绍给家人	7月、8月	家里	家长
	做一个民族乐器小调查	7月、8月	家里	家长
	民乐专场比赛	7月6日上午	学校阶梯教室	康老师
传统建筑风味浓	记录有名的经典建筑	7月、8月	家里	家长
	做一个建筑小模型	7月、8月	家里	家长
	传统建筑专场比赛	8月3日上午	学校会议室	李老师
民族服饰我来秀	记录五种民族服饰特点	7月、8月	家里	家长
	制作一件民族服饰模型	7月、8月	家里	家长
	民族服饰专场比赛	8月3日下午	学校阶梯教室	潘老师
民间工艺我来学	一次假日小队活动，了解民间工艺	7月、8月	社区	家长
	做一份民间工艺作品	7月、8月	家里	家长
	民间工艺专场比赛	8月6日上午	学校会议室	何老师
中国戏剧我来唱	和家人观看一场喜剧	7月、8月	家里或影院	家长
	画一个京剧脸谱	7月、8月	家里	家长
	戏剧专场比赛	8月6日下午	学校阶梯教室	朱老师

续 表

活动项目	活动内容	活动时间	活动地点	辅导员
中国饮食我来品	介绍一个中国名菜	7月、8月	家里	家长
	学做一个传统名菜	7月、8月	家里	家长
	传统饮食专场比赛	7月9日下午	学校会议室	潘老师

三、有序开展活动

八个系列活动，在暑假期间依次开展，精彩不断，收获不断。"美丽中国，文化传承"系列活动，把明珠临港学子们的暑假装点得格外绚丽。

活动系列一　经典诗词我来诵

唐诗宋词是中国文学史上熠熠生辉的文化明珠，唐代被称为诗的时代，宋代被称为词的时代，很多脍炙人口的诗句散发着独特的魅力，成为永世传承的妙语佳句。为了更好地传承中华经典诗词，提高孩子们的文学素养和人文涵养，学校特开展经典诗词系列活动。

活动一：每天诵读一首古诗，让自己沉浸在优美的诗词中，成为一个诗词小达人，并在暑假结束时完成以下任务单：① 写一句描绘春天的诗句。② 写一句描写月色的诗句。③ 写一句表达离别之情的诗句。④ 写一句表达爱国之情的诗句。

活动二：介绍一位你最喜欢的诗人，说说他（她）的人生故事，并背诵一首这位诗人的著名作品。

活动三：参加学校暑期诗词吟诵专场比赛。

【比赛精彩花絮】经典诗词，浸润心灵

诗词吟诵比赛中，同学们的朗诵抑扬顿挫、情感充沛，多种形式的朗诵方式成为赛场上的一道道亮点。一首首动人的诗词歌赋，伴着悠扬的乐曲，从参赛同学的心中喷发出的深情，令观看演出的同学们、家长们和老师们沉醉在诗歌殿堂之中。小袁同学一首《木兰辞》表演给予了"谁说女子不如男""巾帼不让须眉"的花木兰完美诠释！小马同学把王昌龄的诗分成三种类别：边塞诗、闺怨诗、送别诗，演绎出了不同心境下的感受！小周和小贾同学演绎的《满江红》各具风情，却同样豪气冲天！

活动系列二　书画艺术我来绘

书画是书法和绘画的统称，中国书画艺术，是世界文化艺术宝库中的精华。为了传承和发扬中国书画的历史文化，展现中华传统艺术的魅力，弘扬民族精神，学校特开展传统书画系列活动。

活动一：认识两位以上书法家和两位以上画家，简单介绍他们的生平和主要作品。

活动二：写一幅书法作品，或者画一幅画，开学后拿到教室里装饰"书香"教室。

活动三：参加学校暑期书画艺术专场比赛。

【比赛精彩花絮】翰墨飘香书经典，画笔飞舞绘暑天

看，有的孩子运用一支行云流水的毛笔，或书写遒劲有力的汉字，或描绘栩栩如生的画面，水墨流动间，展示了中国传统美学的意境，用大笔挥洒色彩，充满了中国书画的笔墨韵味。"小荷才露尖尖角，早有蜻蜓立上头"。瞧，小沈同学画的《小池》采用了圆形画面进行呈现，别具一格的构图使得画面更加生动，让大家印象深刻。小俞同学的水墨画更是别有一番韵味，让人好似置身于夏季魅力之中。墨色淡雅，又给这炎炎夏日增添了一份安宁。

活动系列三　中国民乐韵味足

中国的民族乐器很多，如琵琶、古筝、二胡、笛子等，中国古代有很多能人，他们可以运用身边的许多物品来制作乐器，演绎美妙的歌曲。为感受中国民乐的独特韵味，学校特开展中国民乐系列活动。

活动一：你看过或学过哪些中国民族乐器？试着把它画下来，并介绍给朋友们认识吧。

活动二：做一个小调查，看看身边的亲人和朋友都知道哪些民族乐器。

活动三：参加学校暑期民乐专场比赛。

【比赛精彩花絮】民乐韵味，悠远绵长

二（3）班小刘同学带来的《香山射鼓》纤指灵动、行云流水，婉转动听，声色悠扬，颇具中国古曲风韵。一（3）班的小纪同学表演的《挤牛奶》让我们置身于大草原，感受到了青青牧场的美好景象。一（3）班的小沈同学带来的《纺织忙》节奏流畅而富有层次感，形象地刻画出纺织工人劳动时的欢乐情景……比赛现场，乐声时而轻曼悠扬，时而高亢激越。一曲曲美妙的乐曲让人沉醉于诗情画意的意境里。

活动系列四　传统建筑风味浓

中国地大物博，传统建筑艺术源远流长，主要类型有宫殿、坛庙、寺观、佛塔、民居和园林建筑等。为了让孩子们感受到中国传统建筑之美，学校特开展传统建筑系列活动。

活动一：和身边的家人朋友议一议、查一查，看看我们中国有哪些有名的建筑，并尝试按照宫殿、坛庙等分别进行记录。

活动二：找一种你最喜欢的建筑样式（如长城、园林等），尝试着做一个小模型，放在自己的房间里作装饰。

活动三：参加学校暑期传统建筑专场比赛。

【比赛精彩花絮】领略传统建筑风情，展现慧手拼装风采

迫不及待地拆开包装后，孩子们便三三两两、兴致勃勃地研究了起来。只听这个娃说："我在家里拼过，这可难不倒我！"那个娃说："虽然有点儿复杂，但是我有信心拼完。"当然，也有遇到了困难向老师求助的娃……

在孩子们的合作和老师们的指导下，一个个模型相继完成。瞧，有苏州周庄古镇、木渎古镇，浙江乌镇，北京四合院和中国古亭等。这些代表着中华人民智慧结晶的古建筑，通过孩子们亲手拼装出来，不正是文化的另一种传承吗？

活动系列五　民族服饰我来秀

中国有56个民族，中国少数民族的服装由于环境、气候、文化等原因，从而形成各种不同的风格，五彩绚丽，多姿多彩。为了更好地传承各民族独特的历史和绚丽多彩的文化特色，弘扬民族精神，学校特开展民族服饰系列活动。

活动一：通过多种方式，尝试了解各种少数民族服饰的特点，并记录五种少数民族服饰的特点。

活动二：尝试用铅画纸和彩色笔来制作一件属于自己的民族服饰，并拿到学校来进行专场展示。

活动三：参加学校暑期民族服饰专场比赛。

【比赛精彩花絮】民族服饰姹紫嫣红，少年演绎婀娜多姿

瞧！一位位小模特儿正为我们展示着不同民族的精美服饰，并介绍他们身穿的民族服饰的由来及特点，给我们带来了一场精彩的时装秀表演。傣族姑娘们爱盘头发，戴上大大的花或头饰。上身穿紧身上衣，下身穿长裙，身形柔美，眉目传情，真是婀娜多姿。同学们穿的苗族服饰也同样抢眼，华丽的头饰和衣服让人忍不住想多看几眼。看到这四名同学的pose了吗？真是把侗族、土家族、维吾尔族、蒙古族的民族服饰特色展现得淋漓尽致。四位穿戴风格一致的小格格一上场就立刻吸引住了全场的目光，这就是满族的服饰，看起来非常优雅、端庄。

活动系列六　民间工艺我来学

每一种精美绝伦的民间工艺，都来源于民间艺人的慧心巧手，讲述着动人的故事与传说。中国传统工艺品丰富多彩，具有民族风格和地方特色，传统手工艺代表了人类的勤劳和智慧，浸透着中华民族的文化精神和审美意识。为培养孩子们的动手动脑能力和文化传承意识，学校特举行民间工艺系列活动。

活动一：开展一次以中国传统民间工艺为主题的假日小队活动，和小伙伴一起交流汇总大家了解到的民间工艺有哪些。

活动二：尝试完成一份剪纸，或者一个中国结，或者一只风筝等，并把自己的作品拿到学校进行专场展示。

活动三：参加学校暑期民间工艺专场比赛。

【比赛精彩花絮】传承传统手工艺，慧心巧手有创意

各位小匠人热情高涨，纷纷把自己的手工材料摆上桌，毫不犹豫地动起手来。有的拿起剪刀，聚精会神地剪起图案来，有的拿起细绳开始编起手链来，而有的拿起绣花针开始穿梭于画布之间。你瞧，不一会儿，一件件作品便露出了它们的真容，有用橡皮筋做成橡皮手绳

的，有做中国结的，有做彩绘风筝的，还有的竟用纸张做成了一架立体的飞机呢！这可真是创意无穷，惊喜无限！

活动系列七　中国戏剧我来唱

中国有多种戏曲形式，如京剧是中国的国粹，是介绍和传播中国传统艺术文化的重要内容。如沪剧是上海的戏曲，还有豫剧、评剧、黄梅戏等，成为中国独特韵味的文化形式。为传承中国独特的戏剧文化，学校特开展中国戏剧系列活动。

活动一：约上爸爸妈妈、爷爷奶奶，一起去观看一场戏剧，并记录下戏剧的名称，学会唱这部戏剧中的几句戏词。

活动二：为了弘扬国粹京剧，拿起手中的画笔，描绘一个属于你的独特创意的京剧脸谱。

活动三：参加学校暑期中国戏剧专场比赛。

【比赛精彩花絮】中国戏曲韵味独特，少年演唱颇有味道

二（1）班的小张给我们带来的是京剧《沙家浜》中的"智斗"一段，只见他一人分饰两角，戴上军帽当起刁德一："阿庆嫂真是不寻常，我佩服你沉着机灵有胆量，竟敢在鬼子面前耍花腔……"只听得他声音洪亮，铿锵有力。忽地，他摘下帽子，系上花色小围裙，声音瞬间变得尖细柔软："参谋长休要谬夸奖，舍己救人不敢当……"把女子的清丽端庄用声音和手势配合演绎得淋漓尽致。他的精彩演唱和角色之间的快速转换赢得了在场观众的阵阵掌声。一（5）班的小李给我们带来的是昆曲《长刀大弓》，只见她身着青花瓷长裙，长发束起，一脸的镇定自若，悠悠唱道："长刀大弓，坐拥江东，车如流水马如龙，看江山在望中……"唱出了巾帼不让须眉的胆识。

活动系列八　中国饮食我来品

中国的饮食文化深厚广博，除了讲究营养和美味以外，还讲究色彩搭配和餐具搭配等，具有风味多样、四季有别、讲究美感、食医结合等特点。为了让孩子们能够感受中国饮食文化的深厚广博，学校特开展中华美食系列活动。

活动一：拍摄一个你最喜欢的中国名菜，并把这个菜介绍给大家，说说这个菜的菜名、所属菜系，以及需要的主要原料。

活动二：自己学做一个中国传统名菜，邀请家人朋友来品尝，并介绍它的制作方法。

活动三：参加学校中国饮食专场比赛。

【比赛精彩花絮】烹制中华美食，共享饕餮盛宴

别看我们的孩子小，做起菜来那一个个小厨师的样子也绝不含糊。不信？你瞧！琳涵小朋友来自东北，饺子是家里常备食物，她熟练地放馅儿、捏合，动作一气呵成，让人叹为观止。正隅小朋友和奶奶一起制作多色花卷，擀面、放馅儿，一头一脸的面粉却乐此不疲。星宇小朋友和妈妈一起制作蛋黄月饼和鲜肉月饼，帮助妈妈揉面、放馅儿、涂蛋液，俨然是一个糕点大厨……评委老师们在感叹菜品造型和香味的同时，也纷纷被它们的味道所折服，直呼：这个菜清凉爽口，真是消暑佳品。这道十三香龙虾麻辣鲜香，让人意犹未尽。这道"展翅高飞"不仅寓意深刻，鸡肉也是鲜嫩可口，回味无穷……比赛过后，家长和小朋友们也都跃跃欲试，争相试吃他人的美食，大家纷纷为别人的菜品点赞，现场仿佛一场饕餮盛宴，到处是一片品尝和赞不绝口的欢乐场面。

四、活动成效

以传统文化传承为主线，以八个系列的活动串联，"美丽中国，文化传承"活动开展得如火如荼，收获颇丰。

1. 孩子如是说——

丰富的活动，为孩子们的暑假增添了无限的精彩和活力。他们积极报名，倾情参与，在活动中得到了文化的熏陶、情感的陶冶和能力的提升。一（3）班的小潘同学参加了经典诗词吟诵比赛和传统建筑模型拼装比赛，荣获了一个一等奖和一个二等奖。他说："为了备战诗词吟诵比赛，我暑假期间每天坚持背诵一首古诗，一个假期下来，感觉自己成了一个小小诗人，好有成就感。传统建筑拼装比赛很难，需要手、脑和眼并用，我和小伙伴拼了近两个小时，好不容易才拼搭成功'浙江乌镇'模型，我觉得中国古代的建筑师太牛了，这些建筑太美了！"

2. 家长如是说——

假期文化传承活动，我们邀请了家长参与或观战，他们全程感受了这些精彩活动，对活动给予了高度的评价。小沈爸爸和孩子参加了传统美食大赛，他们一起给我们带来的是现场包饺子展示，他说："为了参加比赛，孩子暑假在家学了好几个菜的做法，包饺子更是练成了拿手绝活儿。今天的比赛相当精彩，孩子们不仅认识了很多中国传统名菜，还锻炼了厨艺，开阔了眼界，并在互相品尝彼此菜肴的同时感受到了分享的喜悦，这样的活动真棒。希望明年还有这样的赛事，我们还要来参赛！"

3. 高度的社会评价

学校以微信公众号、校园网站宣传等方式对此项活动进行了专题推送，从最初的活动介绍到之后的活动展示，推送了十二次专题，收到良好的反响。活动过程中，我们邀请家长和社区代表参与活动，得到他们的支持和肯定。学校推送的活动信息多次被各种媒体转载，更为学校的该项主题活动进行了更广泛的宣传介绍。此项活动获得了一致好评，为学校赢得了良好的社会声誉。

第三节 聚焦红色传承,开展少年追梦活动

中华民族,一个坚韧不拔的民族,她经历了许多磨难,也创造了举世瞩目的成就。临港,一个向海而生的新兴科技和未来之城,在新临港人的智慧建设中熠熠生辉。为传承红色革命基因、激发爱国热情、培养少年投身祖国家乡建设的责任感和使命感、憧憬神奇而梦幻的未来,明珠临港小学开展"红色传承,向梦而行"系列活动,以"感受中国梦,传承民族魂""回味家乡梦,浓郁乡土情"和"放飞少年梦,创意未来行"三个篇章为引领,开展了红色经典故事演讲、我给习爷爷的回信、红色电影配音、红色故事书制作、临港景点讲解、未来临港想象画、儿童创客、乐高机器人保龄球、儿童编程、船模制作等层层递进、寓意深厚的系列活动,营造了浓郁的假期红色教育氛围,全面提升少年儿童的情感陶冶、知识拓展和能力锤炼。

一、活动背景

党的二十大报告指出:"高举中国特色社会主义伟大旗帜,全面贯彻新时代中国特色社会主义思想,弘扬伟大建党精神,自信自强、守正创新,踔厉奋发、勇毅前行,为全面建设社会主义现代化国家、全面推进中华民族伟大复兴而团结奋斗。"以习近平新时代中国特色社会主义思想为引导,以实现中华民族伟大复兴的中国梦领航,通过系列化的实践体验活动,引导一代一代的青少年传承红色基因、延续文化血脉、锤炼强健实力、锐意走向未来,是当前学校教育的重要使命。

明珠临港小学高度重视红色基因传承和传统文化熏陶,结合地域特点、学校校情和学生实际,将其融入学校的教育教学全过程。我们以"梦"为主题,开展"红色传承,向梦而行"系列活动,激发少年的爱国梦、爱乡梦和未来梦,提升社会责任感、创新精神和实践能力,从小树立远大理想,并将梦想融入现实,激发走向未来的力量。

二、活动设计

全面激扬红色教育主旋律,以"中国梦、家乡梦、少年梦"三个层次,全面构思、系列安排、科学推进,构筑精彩纷呈的暑假红色基因系列活动,全面培育少年儿童的爱国情怀、爱乡深情和未来志向。

明珠临港小学"红色传承,向梦而行"系列活动

活动篇章	活动系列	活动内容	活动时间	活动地点	辅导员
第一篇章:感受中国梦、传承民族魂	一、红色阅读,重温革命经典故事	每天阅读一篇红色经典故事	7月、8月	家里	家长
		摘录红色故事	7月、8月	家里	家长
		红色经典故事演讲赛	7月16日上午	学校阶梯教室	施老师
	二、书信传阅,感受主席爷爷嘱托	阅读习爷爷的来信	7月、8月	家里	家长
		写一写习爷爷对我们的希望	7月、8月	家里	家长
		"我给习爷爷的一封回信"征文赛	7月、8月	家里	王老师
	三、故事学习,了解习爷爷情怀	做一张习爷爷的名片	7月、8月	家里	家长
		写一写习爷爷的故事	7月、8月	家里	家长
		"我的红色故事书"创意制作赛	7月16日下午	学校会议室	潘老师

续表

活动篇章	活动系列	活动内容	活动时间	活动地点	辅导员
第一篇章：感受中国梦、传承民族魂	四、红色之旅，寻找革命烈士足迹	参观革命博物馆和史料馆	7月、8月	博物馆史料馆	家长
		观看三部革命电影	7月、8月	家里	家长
		红色电影片段配音赛	7月21日上午	学校阶梯教室	朱老师
第二篇章：回味家乡梦，浓郁乡土情	回眸临港，感受精彩过去，放眼璀璨未来	参观临港展示中心	7月、8月	临港展示中心	家长
		记录临港发展印象最深刻的故事	7月、8月	家里	家长
		临港景点讲解赛	7月21日下午	学校阶梯教室	康老师
		未来临港想象绘画赛	7月25日上午	学校美术室	潘老师
第三篇章：放飞少年梦，创意未来行	科技体验，在智能创意中走向未来	参观科普教育基地	7月、8月	社区	家长
		设计一款科技产品	7月、8月	家里	家长
		儿童创客赛	7月25日下午	学校美术室	王老师
		乐高机器人保龄球赛	8月7日上午	学校机器人教室	沈老师
		儿童编程赛	8月7日下午	学校创客工坊	王老师
		船模制作赛	8月7下午	学校美术室	沈老师

三、活动过程

暑假期间，我们依次开展"红色传承，向梦而行"主题系列活动，分三个篇章六个系列，让孩子们感受中国梦、家乡梦和少年梦，从而传承红色基因，放飞未来梦想。活动得到家长的大力支持，开展得十分顺利。"红色传承,向梦而行"系列活动,不仅丰富了学生的暑假生活,展现了少年风采,也培养了他们的社会责任感,提高了创新精神和实践能力。明珠临港学子的暑假生活,因为有了此次活动的装点,显得格外缤纷亮眼。

第一篇章　感受中国梦,传承民族魂

活动系列一　红色阅读,重温革命经典故事

《闪闪的红星》《狼牙山五壮士》等故事,都可以让我们看到闪光的英雄气概,感受到革命志士身上勇敢坚毅、不怕牺牲等优良品质。组织学生进行重温红色经典故事活动,在阅读的过程中感受革命时代的情怀,激发少年爱国之心。

活动一:每天阅读一篇红色经典故事,让自己在红色经典的熏陶中,用慧心感受革命精神,并在暑假结束时完成以下任务:写一写我所浏览的红色故事。

活动二:摘录红色经典故事中最精彩、最感人的部分。

活动三:参加学校暑期红色经典故事演讲赛。

【比赛精彩花絮】红色经典故事演讲赛

红色经典故事演讲赛中,同学们抑扬顿挫、情感充沛,多种形式的讲述方式成为赛场上的一道道亮点。馨允小朋友架势十足,穿着军装出现在舞台上的样子,活脱脱就是一名小红军。红军与普通村民王大娘之间发生的小事,她声情并茂地娓娓道来。故事内容虽微不足道,但是让在场的我们心底升腾起阵阵暖意,感动于她为这故事所花费的心力,也感动于老一辈革命者的朴实无华,一心奉献。

活动系列二　书信传阅，感受主席爷爷嘱托

我们的大朋友、中共中央总书记习近平爷爷给陕西照金北梁红军小学的同学们的信中提出："希望你们多了解中国革命、建设、改革的历史知识，多向英雄模范人物学习，热爱党、热爱祖国、热爱人民，用实际行动把红色基因一代又一代传下去。"为了传承和发扬红色革命基因，展现中华少年勇于担当的精神，特开展习爷爷书信传阅系列活动。

活动一：阅读习爷爷的来信，了解来信内容。

活动二：写一写习爷爷对我们的希望。

活动三：参加学校暑期"我给习爷爷的一封回信"暑期征文赛。

【比赛精彩花絮】"我给习爷爷的一封回信"

一年级的小朋友们，虽然识字不多，但是在爸爸妈妈的帮助下，回信也有模有样的。一（2）班的思源小朋友在信上写道："读了习爷爷的来信，我深受鼓舞，为了祖国美好的明天，我将不怕困难，勤奋学习！"他向祖国表达了最诚挚的敬意。一（3）班的清清小朋友则向习爷爷送上了最真切的祝福，她在信中写道："习爷爷，您平时操劳国家大事，一定要保重身体！"虽然只有简单的寥寥数语，但是小朋友的一片赤诚尽收眼底。

活动系列三　故事学习，了解习爷爷情怀

习近平爷爷是我们最亲爱的国家主席，是我们国家的最高领导人。习爷爷非常关心少年儿童的成长，十分重视少年儿童的爱国精神教育。为了解习爷爷，感受习爷爷身上的伟人魅力，响应习爷爷的号召，学校特开展红色故事学习，了解习爷爷深沉的爱国爱家情怀。

活动一：做一张习爷爷的名片。

活动二：写一写习爷爷的故事。

活动三：参加学校暑期红色故事书制作赛活动。

【比赛精彩花絮】红色故事书制作赛

一（3）班的瑞洋小朋友给我们带来了《奇妙的辣椒——长征小故事》。二万五千里的长征路，红军们不知道遇到了多少艰辛，不要小看这小小的红辣椒，它虽小，但它在红军长征路上起了非常大的作用。在瑞洋小朋友绘声绘色的介绍中，我们得知正是夹金山的老农们给战士们的红辣椒让红军战士们在饥寒交迫时得以存活，最后凭借顽强的意志力克服了困难，成功翻越了夹金山。瑞洋还准备了一串手作辣椒，非常形象生动。

活动系列四　红色之旅，寻找革命烈士足迹

中国的今天，繁荣富强，人民和平安康，这是无数先烈用生命给我们换来的幸福生活。为了让孩子们珍惜当下幸福生活，感受革命之不易，勤奋学习，去创造祖国无限美好的明天。学校特开展寻找烈士足迹系列活动。

活动一：和家长参观革命博物馆或史料馆，了解革命的过往。

活动二：在家里观看三部革命电影。

活动三：参加学校暑期红色电影片段配音赛。

【比赛精彩花絮】红色电影片段配音赛

红色电影配音，需要每一个字都能把握好时间契机，又要注意语音语调和情感投入，考验着孩子们的语言水平和心理素质。三（1）班小陈同学带来了《建党伟业》的片段，他的表现惟妙惟

肖，将比赛推向了高潮。当他说"无能为力"用三个字就可以概括，那就是"干不了"的时候，在场的观众被这位小配音演员的表演深深地打动了。

第二篇章 回味家乡梦，浓郁乡土情

回眸临港，感受精彩过去，放眼璀璨未来

在崭新的时代，人们继承了革命先辈不屈不挠、勇敢开拓、继往开来的优秀品质，才有了祖国和家乡更加辉煌的现代发展。我们的家乡临港，无数的建设者用智慧和奉献在这片土地上创造着奇迹。为了更好地传承勇于开拓、无私奉献的优秀品质，学校特开展回味家乡梦系列活动。

活动一：参观临港展示中心，感受临港巨变。

活动二：尝试记录临港发展让你印象最深刻的故事。

活动三：参加学校暑期临港景点讲解赛活动。

活动四：参加学校暑期未来临港想象绘画赛活动。

【比赛精彩花絮一】临港景点讲解赛

我们美丽的临港，已经成为上海的一个新地标，成为智慧之城和未来之城，带着无比的家乡自豪之情，孩子们把美丽的家乡景点为我们呈现。正远小朋友为我们介绍了中国航海博物馆，他告诉我们，中国航海博物馆，是我国第一家国家级航海博物馆。建立这个博物馆的目的，是宣传我们国家灿烂的航海文化，普及航海知识，培养大家对航海事业的热爱。他还分享了三个他认为最有意义的地方，分别是航

海历史馆、军事航海馆和天象馆。

【比赛精彩花絮二】未来临港想象绘画赛

（1）科技之城

你瞧承彦小朋友的线条，盘旋而上的蓝紫色玻璃栈道围绕着大楼，观光的游客行走其中，从旁飞过的飞船仿佛刚从太空中执行任务回归。蓝色的背景铺满画面，有朝气，很青春，充满无限的可能。再瞧志涛小朋友的画面，围绕着滴水湖湖心雕塑展开创作，一幢幢高科技大楼环绕四周，悬空于海洋之上，海洋生物的引进更增添了临港新城的生机与活力。还有那水陆两住的房屋，穿梭于立交桥间的火箭飞机，便携的城市巴士飞机……

（2）休闲绿色之城

看完了科技的未来，再来看看休闲绿色的城市世界。小沈同学温婉地拿着彩铅，描绘着一个复古风情的临港新城。细致的线条将门楼的雕花绘画得惟妙惟肖，将明珠的形体与精巧的装饰形状置入其中。一个清新而具有美感的未来临港新城跃然纸上。

第三篇章 放飞少年梦，创意未来行

科技体验，在智能创意中走向未来

科技改变生活，未来无限可能。在临港，我们有很多机会接触高端智能产业，新松机器人、科大讯飞、中国商飞、寒武纪等一大批优秀的高科技企业，它们均坐落于临港。每周的科普体验日，向我们免费开放，通过展厅介绍、车间展示、活动体验等方式，开阔我们的视野。为提高学生的动手能力，培养学生的思维能力和创造力，感受科技的魅力，学校特举行科创系列活动。

　　活动一：参观科普教育基地，开阔视野，感受科技的魅力。

　　活动二：尝试画一画，设计一款科技产品。

　　活动三：参加学校暑期儿童创客赛活动。

　　活动四：参加学校乐高机器人保龄球赛活动。

　　活动五：参加学校儿童编程赛活动。

　　活动六：参加学校船模制作赛活动。

　　【比赛精彩花絮一】儿童创客赛

　　一（4）班的岱松小朋友用硬纸板包装盒、剪刀和彩笔创作出了一个小小足球场。这场地上还活灵活现地站着几位他亲笔画出的小运动员呢。你猜得没错，他就是那位大汗淋漓来比赛的小朋友。正是源于对足球、对运动的浓浓兴趣，才引发了这一场创意无限！三（1）班晔铭小朋友一入场就让人惊艳，自备的材料纷繁复杂，其准备过程更是长达近一个月。最终呈现了三个作品：自动区分硬币的简易装置、穿戴在身上的整副"威武"铠甲以及演示效果极佳的自制喷泉。在场的其他小选手们纷纷投来崇拜的目光……

　　【比赛精彩花絮二】乐高机器人保龄球赛

　　比赛中，小选手们积极思考，按照比赛路线，各显其能。在场的学生们跃跃欲试，在比赛过程中表现出较强的综合素质和创新实践能力，动脑动手能力、逻辑思维和语言表达能力也得到了有效锻炼。小选手的实力不容小觑，有一个孩子，22秒就完成了比赛，整个过程不慌不忙，循序渐进，一切尽在他的掌握之中，可以说完成得相当完美。也有小朋友在控制机器人的时候遇到了困难，有些慌乱紧张，周围的小伙伴都在旁边鼓励他，给他加油鼓气，直到他顺利完成了比赛。在明珠临港小学这个大家庭中，每一次的探索实践，培养的不仅是探索实践能力，更是一种合作精神。

【比赛精彩花絮三】儿童编程赛

在我校儿童编程大赛中，这群充满斗志、满怀信心的小苗苗正准备施展拳脚，大干一场呢！看呀，孩子们都仔细阅读着本次比赛的要求，聚精会神地操作着电脑及手中的光纤传感器和LED小灯，抓紧每分每秒去实现自己成为编程小达人的梦想。同时，他们不怕困难，即使失败了，也会积极向老师和同学们寻求帮助，努力完成他们的编程设计。小灯亮起的那一刻，孩子们和老师都露出了欣慰的笑容！

【比赛精彩花絮四】船模制作赛

船模的组件众多，需要学生们倾注百分之百的耐心和专注，有些复杂组装，对低年级的小朋友而言略有困难，但孩子们并不退缩，全程没有人放弃；船模的说明书有些晦涩难懂，孩子们举起小手向老师发问，待老师指导后，重新投入紧张的拼装之中。当然在此过程中，也少不了孩子们的互帮互助，赛中，他们既是竞争对手，又是合作伙伴。有的孩子遇到困难、止步不前时，旁边的小伙伴及时伸出援手，替他出谋划策，现场氛围十分温馨。

四、活动成效

"红色传承，向梦而行"活动，以传承红色精神为中心，十个系列活动构建网络，交织成一幅灿烂的作品。这个夏天，我们诵读英雄篇章，弘扬红色精神；我们用慧心巧手，传承革命遗志，践行少年红色梦想。

1. 积极筹备，享累累硕果

丰富的活动，为孩子们快乐的暑假生活增添了浓墨重彩的一笔，注入了无限精彩和活力。他们时刻关注着活动的消息，积极报名，努力筹备，倾情参与。在活动中得到了红色文化的熏陶、实践能力的提升，也体悟了革命精神的真谛。一（4）班的小张同学参加了未来临港想象绘画赛和乐高机器人保龄球赛，荣获了一个一等奖和一个二等奖。他说："我热爱临港这片土地。我出生于临港，成长于临港，对这片土地有着浓烈的爱。当我看到这两个活动的时候，我不假思索地填写了报名表。为了备战未来临港绘画赛，我每天坚持画画，一个假期下来，我的绘画功力进步明显，非常有成就感。对于乐高机器人保龄球赛，我一直都很喜欢乐高，在外面也有学习，兴趣很浓厚，所以我也报名参加了。暑假活动让我的心灵感到满足，生活也充实了不少！"

2. 家校合作，促教育合力

小朋友的假期活动，有家长全程陪同参与，他们对活动给予了高度评价。小王同学的爸爸和孩子参加了临港景点讲解赛。当小王同学在台上讲述着临港航海博物馆时，父亲的眼神变得特别温柔，他说："这个比赛，是我要求孩子参加的。他胆子小，我就想让他上台锻炼锻炼。孩子刚开始有些焦虑，在家里练习很勤奋，还一次又一次问我，他表现得怎么样。今天看孩子在台上有模有样的，我觉得很欣慰。"当活动结束，孩子回到父亲的身边，父子相拥，爸爸为孩子竖起了大拇指。我们的活动，不仅给孩子提供了实践的机会，更拉近了孩子和家长的距离。在活动准备过程中，他们互相倾听、交流、合作，亲子关系融洽，呈现给我们一幕幕温情瞬间。家校合作，既给了孩子锻炼的平台，又携手促进了孩子的全面成长。

第四节 聚焦传统文化,开展寻根追梦活动

习近平总书记在党的十九大工作报告中说:"深入挖掘中华优秀传统文化蕴含的思想观念、人文精神、道德规范,结合时代要求继承创新,让中华文化展现出永久魅力和时代风采。"传承和发展中华优秀传统文化,是学校德育工作的重要内容。明珠临港小学以"寻根"与"追梦"为主题,以爱国主义教育情愫为基调,开展系列丰富多彩的实践体验活动。我们在寻根中传承,在追梦中发展,以爱与梦想相伴,一路探索一路歌唱。

一、寻根篇——在传承中进行文化浸染

中华民族,是一个伟大且充满智慧的民族,五千年的历史长河,积淀了深厚的优秀文化,我们结合学校的实际情况,开展各类文化传承活动。

(一)体验特色古韵活动,感受古典文化魅力

悠悠古韵,润泽心灵,经典洗礼,情怀陶冶。我们以中国经典文化传承为主旋律,以古典韵味为音符,奏响一曲曲华美乐章。"古韵传香"迎新会演活动中,手语舞《经典一课》、舞蹈《春晓》、课本剧《晏子使楚》等精彩演出带来中华传统文化的袅袅余香,带来现代精神的全新演绎。开学典礼上,孩子们收获了开学第一礼——传统文化新年红包和开学第二礼——传统文化微型诗词会,孩子们感受中华传统文化魅力,在心田播下学习和传承中华传统文化的种子。在以"中国骄傲,美丽中国我知晓"为主题的开学日活动中,我们为孩子们送上以丁香、白芷、薄荷等为主原料的小香包,并配以"美丽的中国文化"为主题的《开学锦囊》,让孩子们

嗅着淡淡的中草药香,阅读着中华传统文化小知识,开始新学期的启程。庄严肃穆的"明珠开蒙礼"上,孩子们一起肃整衣冠、拜师学礼,校长为一年级的孩子们"朱砂启智",以传统的开蒙启智仪式带给孩子们最传统难忘的开学礼。

(二)参与文化传承比赛,领略传统文化精彩

暑假期间,一场"美丽中国,文化传承"的传统文化盛宴隆重拉开序幕。民乐演奏赛,孩子们纤指灵动,行云流水,琴声笛声声声入耳,婉转动听。诗词吟诵赛,孩子们抑扬顿挫、情意绵绵,将一首首动人的诗词歌赋倾情演绎。书画创作赛,孩子们用一支支行云流水的笔,尽情挥毫泼墨,勾勒出最美最有诗意的画面。美食大赛中,孩子们与家长一起烹制经典美食,熟练制作饺子、花卷等点心,大家互相欣赏、品鉴,一起品尝最丰盛的饕餮盛宴。建筑拼装赛,孩子们合作进行中国古典建筑模型拼装,建筑之凝固美,在他们手中慢慢呈现。民族服饰秀,孩子们身着各式民族服饰,身形柔美,婀娜多姿,将少数民族的不同风情进行绝佳呈现。传统工艺赛,孩子们慧心巧手,将中国结、彩绘风筝、皮影人物等手工作品一一完成。戏曲演唱赛,小戏迷可一人分饰两角,或慷慨激昂,或温婉贤淑,那独特的唱腔和到位的身姿让观众大呼过瘾。

(三)启动优雅少年行动,传承优秀礼仪文化

文明古国,礼仪之邦,中国有着优秀的传统美德,传承中华良好礼仪传统,从小对孩子进行行为礼仪的熏陶养成,将塑造其一生的优雅气质。我们启动了"优雅少年"行动,在学习和挑战中传承中华礼仪美德。我们开展"学礼仪故事,感礼仪美德"的主题教育活动,让孩子们学习"黄香温席、孔融让梨、程门立雪"等经典的中国美德故事,通过故事演讲比赛来感受其中蕴含的优秀礼仪文化。通过"学生道德讲堂",让孩子们用倾情讲述的故事,通过广播台和电视台进行优秀礼仪美德的传播。以课本剧

社团活动为依托，编排《负荆请罪》《囊萤映雪》等美德故事，在回味中感受传统美德文化。同时，我们启动包含"礼仪优、学习优、岗位优、纪律优、语言雅、行为雅、环境雅、交往雅"八项内容的"优雅少年"行动，让孩子们学习传统美德，塑造文明礼仪，从而培育"优雅少年"。

二、追梦篇——在发展中展望未来梦想

中国传统文化博大精深，源远流长，感受传统文化魅力，进行文化的陶冶内化，为的就是让传统文化在新时代得到创新和发展，能够更好地为孩子们塑造未来梦想，助推中国梦的发展。我们结合学校独特的资源优势，开展各类梦想塑造活动。

（一）建设传统文化场馆，展望文化传承之梦

为了更好地把传统文化进行传承和发展，我们进行了传统文化特色场馆的建设，选取了八个主要文化传承项目，以现代化的演绎方式，让孩子们进行深入感受和体验，从而让他们感受现实与梦想的融合，感受传承与发展的融合。

1. 中国美食馆：闻香而来，走进中国美食馆，可以亲手磨一磨豆浆，可以领略中国茶艺之美，可以亲手制作并品尝传统的塌饼和桂花糕，还可以发挥创意进行各类现代美食创作，说不定这里可以走出更多的中国未来名厨。

2. 经典诗词馆：走进经典诗词馆，可以看到孩子们的"古诗存折"，可以参加中国诗词大会，可以根据古诗进行现代演绎，或吟诵，或欢唱，或编撰新诗，孩子们都可以成为当代小诗人。

3. 中国戏曲馆：这里有我们戏曲社团的孩子为大家献上黄梅戏《女驸马》片段，这里有我们的特邀老师带大家一起学唱京剧，在这里也可以穿上传统戏服，演绎自己想演绎的新曲目，别样的唱腔中，传统戏曲有了更

多的现代意味。

4. 传统工艺馆：自己制作一个小皮影，演绎一段妙趣横生的皮影戏。拿起画笔，描画一幅江南纸扇，仿佛走进江南水乡。拿起手中的砂纸、磨刀，手工磨制蜜蜡原石，加工成现代工艺蜜蜡成品，都可以在这里诞生最美的奇迹。

5. 中国建筑馆：在这里，你可以看到中国古代经典建筑的雄美，也可以感受当代建筑之奇美，还可以用乐高拼搭专属于自己的建筑样式，孩子们从中感受到小小当代建筑师的自得。

6. 书画艺术馆：拿起毛笔挥毫泼墨，写一个龙飞凤舞的毛笔字，画一幅江南韵味的水墨，或者用平板电脑进行毛笔字的描摹，伴着悠扬的古乐，别有一番书画家的闲情逸趣在其中。

7. 中国乐器馆：这里有扬琴、二胡、琵琶、葫芦丝、长笛、古琴等多种民族乐器，聆听民乐的独特韵味，轻抚琴弦，细听那一串串悠扬音符，感觉自己悠然置身世外桃源。

8. 民族服饰馆：这里有多种少数民族服饰的呈现，还有很多少年身着艳丽民族服饰，进行优雅展示，进行服饰和文化的介绍。每一个聆听者，都仿佛看到中国的各民族手拉手、心连心，那一份温暖直达内心。

八个场馆，八份情怀，那是少年对文化之根的寻觅，那是少年对传承、对未来的梦想，在八大场馆中，少年浸润、感怀、憧憬，寻觅着过去、未来与成长的心路。

（二）感受乡土乡情韵味，展望未来家乡之梦

每一片土地，都浸润着根的情意，都有着乡土乡情的浓浓韵味，都有着当地传统文化的绵延。我们挖掘周边地域教育资源，以少年的视野去寻觅身边的神奇和美丽，让孩子们走出校门，感受乡土情怀，感受土地智慧，感受美丽家乡带给我们的感悟和展望。以"迎战曙光微笑，向着未来奔跑"的滴水湖迎新跑活动开始了，明珠临港小学200余名教师、学生和

家长在滴水湖畔迎着新年的第一缕曙光跑去，他们在美丽的家乡，用自己的毅力和坚持迎来了新年最美好的曙光。孩子们走进洋山海事局，登上"海巡号"，在一望无际的海面感受中国广阔的海域，初步感受和了解一些海洋知识文化，知道了海洋的神奇，科普了海上安全知识，为中国强大的海事技术感到深深的自豪。我们登上上海中心，感受55秒直达电梯118层的快感，领略中国第一高楼的气势，感受到中国岿然巍立世界东方的一份豪气和傲气。我们来到上海飞机制造有限公司，参观飞机总装车间，了解我们自己的大飞机C919，激扬起孩子们的蓝天梦。每一步在家乡的体验足迹，让孩子们都深刻感受到中国传统文化在新时代绽放的科技和现代魅力，感受到作为华夏儿女的浓浓的自豪之情。

（三）塑造校园吉祥物，展望少年成才之梦

中华优秀传统文化，蕴藏的是中华民族的伟大智慧。传承和发展传统文化，就是希望孩子们能够传承祖先身上那勤奋、好学、谦虚、智慧、创造、友善等良好的品质，并努力成长为文化传承和建设未来祖国的栋梁。于是，我们契合学校培养目标，塑造了"慧点优乐多"五个校园吉祥物。慧慧代表学习和责任，愿孩子热爱学习，用修养塑造内心。点点代表创造和创新，愿孩子敢于尝试，善于创造。优优代表友善和合作，愿孩子微笑待人，乐于伸出温暖的双手。乐乐代表运动和健康，愿孩子热爱运动，活泼阳光。多多代表艺术和才能，愿孩子多才多艺，塑造更加优雅的自己。我们编辑了《"慧点优乐多"摘星手册》，让孩子们在吉祥物的陪伴下，努力展示自我、挑战自我、成就自我，沐浴着学校和老师的爱与期待，与梦想为伴，塑造更优的自己，奔赴美好的璀璨的未来。

我们以文化为根，以情怀筑梦，在寻根与追梦中传承和发展中华优秀传统文化，让传统文化也在孩子们的心中牢牢筑根，并飞扬起孩子传承传统文化、夯实智慧人生、长大为美丽中国增辉添彩的美好梦想。

第四章

乡土实践·基因力
——地域文化中的滋养

- 第一节　挖掘革命资源，落实红色讲解活动
- 第二节　挖掘爱国资源，落实"四小"实践活动
- 第三节　挖掘乡土资源，落实核心价值观教育活动
- 第四节　挖掘家校资源，落实特色校本化课程活动

一方水土养一方人。土壤是扎根的地方，是传递血脉的基础。对每一个人而言，乡土情怀都是自然而然融合在身体里的、一生永远牵绊的情缘。充分地利用好区域内的乡土教育资源，在学生的儿童时代，用迈步丈量家乡土地的方式去感受地域文化的滋养，是一种"树根立魂"的教育方式，具有镌刻乡土基因、厚植家乡情怀的重要意义。

浏览乡土自然风光：每一个地方都有独特的自然风光，这些美丽的景观会成为独特的地方名片。学校要给予学生更多去感受家乡人文风景的机会，去呼吸乡间清新的空气，去眺望远处微波荡漾的海岸线，去欣赏时代发展旋律中鳞次栉比的高楼大厦……每一处的风景都可以成为跃动学生美好童年的画面，成为他们探究发现的乐土，成为他们自然和谐成长的乐园。

体悟乡土文化传统：传承乡土情怀最有味道的，莫过于家乡的一些乡土习俗和文化特质。独特的过年过节习俗，是具有强烈地区特色的文化标志，那些长大后漂泊的游子，最强大的信念就是"回家过年"。一些传统的食品小吃，也洋溢着浓浓的家乡味道。学校要组织学生去感受这些独特的风土人情，学会制作一些家乡美食，了解一些家乡风俗，知晓一些家乡的非遗项目等，努力成为乡土文化的传承人。

感知乡土独特产业：时代的发展，对学生而言，最感同身受的就是家乡的发展和变化。每一个地方都会有一些独特的发展产业，成为助力地域经济发展的支撑点。学校要让学生去了解地区产业的基本情况，了解其形成的时代背景、发展态势、未来前景等。树立"为家乡的未来发展做贡献"的目标，是德育实践教育活动的导向；立足本土产业，追逐未来梦想，是一个良好的教育契机。

第一节 挖掘革命资源，落实红色讲解活动

泥城，素有"浦东延安"的美誉，在这片红色的土地上，四团除霸、泥城暴动、浦东第一支抗日武装成立、汇角战斗等历史事件令人热血沸腾；周大根、赵天鹏、沈千祥等英雄人物让人肃然起敬——红色泥城主题馆内的这些史迹材料，成为泥城人民、南汇人民、上海人民甚至中国人民了解红色历史、生成民族自豪感、激扬爱国情怀的阵地。

《中小学开展弘扬和培育民族精神建设纲要》指出："要以爱国主义教育为核心，以中华传统美德和革命传统教育为重点，大力开展中国革命、社会主义建设和改革开放的历史教育与国情教育。"我们泥城小学就依托红色泥城主题馆丰富的革命教育资源，在全校学生中大力进行革命传统教育和乡情教育。可是，光参观学习的效果肯定是肤浅的，是不长久的，那么怎样才能深化教育效果呢？

我们组织了一批"小小讲解员"，为前来感受泥城红色历史的社会各界来宾进行专题讲解。小小讲解员们用自己的童声，演绎对革命历史的理解，传递少年对家乡的热爱之情，在学习感悟和实践体验中自然生成深厚的爱国情怀。

一、感受爱国情怀——建立"小史迹馆"，深入学习，充分感悟

我们积极地与红色泥城主题馆的工作人员联系，向他们索取了展馆内的文字和版面材料，酝酿在我们学校建立一个自己的"小史迹馆"。

学校专门辟出一间教室，将版面材料按比例缩小，然后在该教室的四周墙壁上按历史时期的不同一一将版面有序安放，于是，一个干净整洁的

小史迹馆跃入全体师生的眼帘。

从"小史迹馆"开馆以后,学校里的老师和队员只要一有空,就总喜欢到里面去转转,大家饶有兴趣地看看版面上的历史图片,读读版面上的说明文字,小史迹馆内人气十足。一次次的参观,一次次的学习,也成为一次次的深化,一段时间之后,很多少先队员都成了"泥城革命通",说起泥城的历史事件和历史人物来总能娓娓道来,有滋有味。

小史迹馆的建立,为少先队员学习泥城的革命历史史迹提供了一个贴身的学习平台,20世纪30年代以来泥城的重大历史事件,旧社会时期泥城人民的深重灾难和不畏强暴、英勇抗争的历史,新时代泥城正在发生的巨大变化和身为临港新城腹地的美好发展前景等,一一呈现在了孩子们的眼前。他们被眼前血淋淋的照片所震撼;他们被英雄人物的刚毅脸庞和如火眼神所折服;他们更对临港新城的开发建设充满无限憧憬。

二、增强爱国情怀——招聘"小讲解员",亲身实践,自我挑战

我们将红色泥城主题馆的介绍文字做了一系列的简化和修饰,使讲解词更加简洁明了、生动形象,更适合于孩子们进行演讲,并将冗长的讲解稿按不同的历史时期分成四个篇章,每个篇章招聘若干小讲解员;之后,我们就运用学校的各类宣传平台向全体少先队员发出"争做小讲解员"的倡议,号召大家积极主动地参与到这项主题活动中,向自己挑战,向别人挑战,展示自己的能力和风采。

我们充分利用"小天鹅广播台"向大家介绍有关红色泥城主题馆的情况;利用宣传橱窗张贴招聘"小讲解员"的招聘启事和讲解稿;鼓励各中小队开展专题十分钟队会、板报、中队竞聘会等形式丰富的主题活动,通过活动深化队员们的实践意识和竞争意识,鼓励大家鼓起勇气,积极地向学校大队部报名竞争。

学校大队部的宣传委员接受并登记队员的报名信息,并按照队员们自

己的意愿向他们分发各历史时期的不同讲解稿，给队员一定的时间进行充分的实践锻炼，并准备接受考查验收。

拿到讲解稿后的队员首先将讲解稿从头到尾详细阅读，仔细背诵，然后来到小史迹馆，对照版面尝试讲解，有的邀请自己的同学来当参观者，让他们帮着看看自己的语言是否标准、身体姿势是否得体、脸部表情是否自然、眼神是否能跟参观者进行交流，在一次次的尝试中，他们渐渐克服了胆怯和羞涩，不少队员都能讲解得落落大方、有声有色。在这些精彩的讲解当中，队员们的爱国情怀在不断地升华着，他们仿佛在自己所演绎的烽火岁月中感受着历史的悲壮，也深深地为自己身为华夏子弟而充满自豪。爱国的情愫，在队员的自身演绎中融化成为他们自己内心的真切感受。

三、渲染爱国情怀选拔——"小讲解员"，实地展示，展现魅力

一段时间后，我们在报名的"小讲解员"当中选拔出了一批比较突出的队员，让他们首先在小史迹馆内为老师和同学进行讲解，根据他们的语言表达、表情体态和情感洋溢等方面做综合打分，选出了讲解不同历史时期的小讲解员各1名，让他们到红色泥城主题馆进行实地展示。

红色泥城主题馆内环境清幽、庄严肃穆，一踏进大门，小讲解员们显得有些紧张，但在老师和同学的鼓励支持下，他们很快就进入状态，先为老师和同学做了声情并茂的讲解。

在经过初步展示后，我们又按照红色泥城主题馆的参观预约，让这四名小讲解员为一些社会人士做了讲解，他们的讲解在一次次的锻炼中变得更加娴熟、更加精彩，不断博得参观人员的啧啧称赞和热烈掌声。

让孩子担当讲解员，使孩子生成自我挑战意识，在整个过程中进行自我学习、自我促进、自我锻炼，最终将对泥城革命历史的学习和对爱国情操的认识提升为一种深层理解和内化，并通过自身的语言和肢体表达传递

给其他的参观者，使社会人士在学习史情的同时，也深受孩子的感染，充分感受到这些史迹材料带给人的震撼和深思，思想在交流，情感在互动，爱国主义的主旋律在时空中悠悠回荡。

通过开展"争做小讲解员"活动，可以使学校的革命传统教育活动凸显实效，除了能增强队员的爱国情怀以外，也可以有效地提高队员的人文素养和综合能力，对提高全社会的文明程度也有推波助澜的作用。主要表现在以下几个方面：

1.有利于提高队员文明礼仪水平，笃实人文修养

通过深入的学习感知，队员们在史料中读懂了更多民族精神和情怀，他们更加了解了"疾恶如仇、诚实笃信、豁达大度"等修身之道；了解了"公而忘私、舍己为人"的奉献精神；了解了"天下兴亡、匹夫有责"的爱国情操；了解了"富贵不能淫、贫贱不能移、威武不能屈"的浩然正气。他们在为别人讲解的同时，也将这些崇高的品质和情怀一一镌刻在自己的内心，用幼小的心灵去触摸、感知。于是，他们懂得了如何向先烈们学习，不必学习他们的浴血奋战、舍生忘死，却一定要学习他们的坚持正义、勤俭节约，学习他们的诚实守信、质朴真诚、脚踏实地，学习他们的团结协作、敢于争先、勇于创新等。于是，队员们懂得了学习先烈的精神必要先从约束自己的言行开始，他们开始注意自己平时的生活和学习细节，懂得了更多文明礼仪的形式和内容，知道要真正在思想上向革命前辈学习，就要从每一件小事做起，如不讲粗话脏话、不乱扔垃圾、不破坏绿化、不违反交通规则等，他们开始从行为上约束自己，使自己的文明礼仪修养不断得到提高。

而在学习生活中，他们也懂得了要坚持认真细致、敢于提问、踏实进取……他们在学习上寻找到更适合自己的内容和方法，在求知上树立自己的理想，学会和同学互相协作，学会和老师互相交流，学会沉着地思考、认真地作答、友好地合作，在不知不觉中，他们戒除了先前的娇气、燥气，变得冷静、细腻，一种良好的人文素养在不断地生成和积淀。

2. 有利于增强队员自信心，提高综合能力

通过不断的实践操练，队员们可以在"小讲解员"的岗位上寻找到自己的最佳表现方式，无论先前是羞涩的，还是焦躁的，或是淡漠的，都在讲解的过程中不断地改善着自己，使自己朝着自信、坚强、细致、热情的方向发展。他们从老师和同学的眼神中获得鼓励，他们从参观人员的掌声中欣赏到自己的魅力，于是，他们学会对自己进行肯定，学会对自己说："我能行！我很棒！"这种自信也在队员平时的学习和生活中得到张扬，使他们能以更加昂扬的姿态对待自己在学习、生活和活动中的表现，坚信自己既然能当一名好的讲解员，定然也能做好其他的事情，这种积极昂扬的态度也就促进队员在各方面不断取得进步。

做小讲解员，不仅要求队员要能语言流畅、充满感情地进行讲解，更要求他们有良好的记忆力、充分的感染力和随机应变的能力，能处理好在讲解中发生的各类情况，能始终吸引参观者的眼球和耳朵；于是，小讲解员们从外面的书籍中充实自己的认知，努力参与大中小队的各类活动提高自己的表现力，书写自己当小讲解员的内心感受，描绘着泥城的历史画面和未来前景，种种延伸出来的活动外延，让队员们的理解力、表现力、创新力等各种能力得以均衡发展和不断提升。

3. 有效进行辐射，促进良好社会风尚形成

借助孩子们的讲解，让全社会都来学习革命事迹，了解革命先烈的崇高精神和高尚情怀，这样的宣传方式，比成人之间的说教肯定有效得多。

孩子都来自家庭，孩子做小讲解员，势必将家庭成员作为自己的首任听众，他们向家庭成员讲解着泥城的革命史迹，使家庭成员受到熏陶，和孩子一起感受历史、抒发情怀，在共同的讨论和交流中领悟革命精神和中华民族的传统美德，家庭成员跟着孩子一起学习，一起提高。

孩子都来自社区，他们在假日小队等活动中，也充分地发挥着小讲解员的作用，带领社区的叔叔阿姨、爷爷奶奶一起学习革命史迹，而社区中的一些老一辈工作者往往对这些历史耳熟能详，他们进行补充，说着自己

当时的故事，使大家对历史的学习更加深刻和饱满。

孩子是社会的小细胞，是家庭和社会的重心。孩子的表现往往对家长和社会具有更大的触动作用，他们能够更加饶有兴趣地观看孩子的表演，也能接受孩子的影响，看到孩子都能这样认真地学习历史，这样积极地约束自己的行为，有良好的文明礼仪习惯，作为成人怎么能不扪心自问，难道自己连孩子都不如吗？于是，孩子影响着成人，成人教育着孩子，互相之间提醒和提高，大手牵着小手，共同地努力着、实践着，从创建文明的家庭做起，最终也势必将影响这个社会形成良好的风尚，使我们的社会不断向着文明、和谐和美好迈进！

第二节　挖掘爱国资源，落实"四小"实践活动

上海市浦东新区泥城地区地处东海之滨，具有优良的革命传统，素有"浦东延安"的美誉，这里曾经演绎了无数可歌可泣的革命故事，曾经有无数英雄儿女为祖国为家乡献出了自己的智慧、血汗甚至生命。热爱祖国、热爱党、热爱家乡，是我们的教育主旋律。响应时代的要求，我们泥城小学的孩子们在泥城这片热土上开始了怀念革命先烈、重温革命历程的"四小"行动。

活动的开展，使学校激荡起爱国爱家乡的动人乐章，孩子们通过丰富的实践和体验活动，从小培育为国立志的萌芽，全面提高了学生动手动脑和开拓创新的综合能力。

一、多彩"四小"，构筑丰富活动体系

（一）小小讲解员，讲述泥城革命历史（每年3月、4月清明季）

三月春季，蒙蒙春雨，天地潇潇，伴随着四月清明节的到来，又是我们缅怀先烈的季节。我们把红色泥城主题馆作为活动基地，让孩子们学习家乡历史，讲述家乡历史。

1. 家乡历史我知道：利用班队会课、十分钟队会、学校小天鹅广播台等阵地，宣传泥城的革命历史。在"家乡历史问不倒"知识竞赛中，比一比，赛一赛，谁是家乡历史的"百事通"。

2. 革命战士我采访：泥城地区有很多的军烈属家庭，小记者们带着对革命战士的尊敬和爱戴，带着小礼物，带着小问题，叩开军烈属的家门，为他们送去红领巾的祝福，同时聆听战火中的故事，感受革命战士的英勇

无畏,也感受战争时代的艰难困苦。

3. 英雄烈士我缅怀:清明时节,站在红色泥城主题馆的烈士墓前,举行简单隆重的清明祭奠仪式,重温烽火历史,缅怀英雄人物,向革命烈士表达少年的深切缅怀和无比崇敬。

4. 讲解队伍我竞聘:三至五年级每个班级组建一支小讲解员队伍,选择优秀成员竞聘校级小讲解员,通过强化培训,塑造一支着装统一、讲解生动的校级小讲解员队伍。

5. 生动讲解我展示:四月清明,前来红色泥城主题馆扫墓的人士络绎不绝,我们的小讲解员落落大方地上阵了。先为学校的老师和同学进行讲述,之后为各方来宾介绍泥城历史。大方的仪态、倾情的讲述,为他们赢得阵阵掌声。

【镜头一】面对老师和同学们的眼光,小讲解员们自信地上场了,他们声情并茂、娓娓道来,结合版面上的图片为大家做着深情的讲述。大家随着他们的讲解,仿佛回到了烽火年代,看到了战争的残酷,看到了英雄的无畏,看到了敌人的落魄,内心受到强烈的震撼。在学校师生参观完后,红色泥城主题馆内又来了不少来参观的社会人士,我们的小讲解员们也义不容辞地担当起了讲解的任务,"人虽小,讲解却非常精彩。"这就是那些大人对我们小讲解员的评价。

(二)小小艺术家,制作芦苇艺术品敬献党和祖国(每年5月、6月艺术节)

每年的5月、6月,是学校艺术节如火如荼开展的季节,也是芦叶青青的时节,我们将"魅力芦苇"作为学校艺术节的主题,开展清新有特色的芦苇艺术活动。

1. 小小芦苇大作用:芦苇,生在海边,长在海边,是我们海边孩子最熟悉的植物。结合校本课程"魅力芦苇",以班队会、十分钟队会和主题教育等方式,让学生了解芦苇的构成、各部分的作用,体会芦苇身上蕴含的精神：朴素、自然、生命力强、用途广泛等。

2. 小小双手大创意：开展学校芦苇艺术节活动，让每个学生用双手参与芦苇艺术创作活动，学习包粽子、制作芦叶风车、芦叶小船、芦叶笛，并让学生发挥创意，制作各类芦苇艺术品，如芦苇小屋、芦叶小蛇等，小小的芦苇在孩子们的手中生动活泼起来，仿佛被赋予了无比的生命力。

3. 小小画作大心意：重温家乡历史，心中萦绕的都是对党对家乡的无比热爱，孩子们把这份热爱用小小的芦苇画进行了表达。在专业美术老师的指导下，在孩子们的手中诞生了一幅幅精美的芦苇画：伟岸的毛主席头像、天安门上空的礼花、我爱五星红旗、雄伟的东海大桥……

【镜头二】在学校的芦苇工作坊里，队员们两人一组，利用家乡的芦苇，剪的剪、切的切、粘的粘，运用最简单的两根芦竿、一朵芦花，拼成了一幅幅芦苇艺术画，并起了个性十足的名称，随心所欲地展现自己的作品理念。一幅幅天安门广场、五星红旗、党旗的芦苇画，表达了中华炎黄子孙对党对祖国的无比崇敬。芦苇艺术画的创作活动，让孩子们徜徉在艺术的海洋中，不断地发现美、创作美、感受美。

（三）小小炊事员，感受革命生活苦与甜（每年7月、8月暑假中）

现代的孩子，独生子女的娇气很重，他们被包围在父母长辈的宠溺之下，日常的小家务都不沾手，更别说烧饭做菜了。暑假期间，正是让孩子们锻炼自己、学会动手的良好时机。

1. 听一听，炊事员的故事：暑假之初，开展"炊事员的故事"故事会活动，收集红军长征中发生在炊事员身上的感人故事，体会炊事员在长征过程中的重要作用和艰苦付出。

2. 学一学，我做小小炊事员：利用暑假期间，向爸爸妈妈、爷爷奶奶学习如何做饭做菜，学会一些简单的做菜方法，学会几样较为拿手的小菜。

3. 赛一赛，亲子厨艺大比拼：组织亲子厨艺大比拼活动，在特定的时间里，拿出看家本领，做出拿手好菜，互相品尝，互相评价，选出"最佳厨艺家庭"，让亲子的合作使彼此更加贴心，让互相的竞争和学习提升厨艺水平，培养孩子更多的厨艺兴趣和能力，让他们感受自己动手、丰衣足食的乐趣。

4. 动一动，户外野餐酸甜苦：感受炊事员的辛劳和不易，最好的方式就是组织户外野餐。以假日小队的形式，孩子们自备锅铲和食物原料，跟着辅导员老师来到海边树林，开始意趣盎然的野餐活动。自己搭灶放锅，自己捡拾柴火，自己生火做饭，自己掌勺炒菜。手被柴火戳痛了，好不容易生起的火熄灭了，烧的饭糊了……孩子们状况百出，却乐在其中。吃着自己烧的饭菜，不美味，却香甜。

【镜头三】在树林中，孩子们分工合作，有的孩子在树林中捡拾散落的干枯树枝，有的孩子在野灶前生火烧柴，有的孩子拣菜切菜，有的孩子则手拿锅铲翻菜炒菜。孩子们吃着自己做的美味饭菜，老师则给大家讲起了红军长征的故事。孩子们知道了红军在长征途中都是自己动手烧菜烧饭的，不过他们可没这么好的条件，往往吃的都是野菜树皮，啃上硬得跟石头一样的馍馍已经算是美味了。孩子们深有感悟，不仅感受到革命战士的坚韧不屈，更感受到现代美好生活的来之不易，他们认识到只有从小锻炼自己的意志，勤于动手，长大后才能用灵巧的双手和坚忍的意志开辟更加广阔的生活空间。

（四）小小侦察员，踏进芦苇荡寻访红色足迹（每年9月、10月芦花摇曳时）

每年的9月、10月，芦花肆意开放，海边的芦苇荡里，阵阵秋风，芦花摇曳，很有一番诗情画意。秋高气爽的季节，带着孩子们步入芦苇丛中，自是一番清新自然。芦苇荡中，也曾是革命战士借以掩护、与敌人迂回作战的战场，我们的孩子也可从中寻访红色足迹，感受革命情怀。

1. 红色烽火记我心：组织学生前往红色泥城主题馆，让孩子们学习家乡的烽火故事，了解曾经在泥城周边临海的芦苇荡里，红军战士与敌人迂回作战，英勇搏斗。芦苇荡中，曾有歼敌的枪声，曾有烈士的鲜血，曾有辉煌的历史瞬间。

2. 芦苇丛中任我行：芦苇飘摇的季节，我们的假日小队出发了。走进芦苇丛中，感受着自然清新的秋风，感悟着生命的灿烂和美好。在芦苇丛中行走，是如此不易，高大的芦苇甚至没过孩子的头顶，繁茂的枝叶阻挡着他们的脚步，飞扬的芦花迷乱着他们的眼睛，而当年的革命战士却把这里当作天然屏障，借着芦苇的保护与敌人巧妙对战，抒写了大量辉煌的战斗篇章。

3. 深情感悟抒我情：9月、10月，爱国月。学校组织丰富多彩的活动，让学生结合对之前各类实践活动的参与，以"三个一"的活动形式，抒发孩子们对党和国家的热爱，对家乡的热爱，让孩子们在红色寻根之旅中绽放爱国爱家乡的思想火花。

——一曲献给祖国的歌：一曲红歌献祖国，声声表达少年心。孩子们演唱着《让我们荡起双桨》《种太阳》《闪闪的红星》等，表达对祖国的无限热爱。

——一首献给家乡的诗：红色的泥城，我们美丽而骄傲的家乡，少年把对你的热爱，化成笔下美妙的诗句，声声吟诵，倾诉不尽对你的无限深情。

——一幅献给未来的画：正是有了昨日那辉煌的革命战斗，有了革命烈士的英勇献身，才有了如今的幸福生活。有了今日人们的共同努力建设，才会有更加美好灿烂的未来。孩子们放飞想象的翅膀，畅想明天，构图未来，把对祖国的祝福描绘在那一幅幅天马行空的想象画中。

【镜头四】循着革命先辈的足迹，泥城小学的孩子们也来到芦苇荡中，寻访着红色足迹。耳边是瑟瑟的风声，脸旁是飘拂的芦叶，聆听着老师关于泥城革命烈士事迹的介绍，在孩子们眼前仿佛再现了新中国成立前的战斗场面：红军战士猫着腰在芦苇荡中，时刻注视着入侵的敌人，在敌人不注意的时候或给上一枪，或捅上一刀，有时候也借助芦苇的掩护，进行部队的转移和对群众、伤员等的掩护……一片片芦苇荡里，蕴藏着多少生动感人的革命故事啊。走在芦苇荡中，孩子们感受着前行的艰辛，更感受着革命烈士不畏艰险、英勇作战的革命情怀。

（五）小小能手风采秀，深情厚谊送祖国（每年11月、12月）

"四小"行动在经过四个系列之后进入尾声，每年11月、12月就是一年度"四小"行动的总结表彰时期。纵观八个月来的行动，孩子们学习、实践、锻炼、感悟，获得了全面的思想道德熏陶和技能技艺锤炼，得到了极大的活动收获。在总结表彰的日子里，我们也为活动中的小能手搭建展示平台，弘扬辐射，深化活动成效。

1. 编辑讲解专题辑：评选最佳小讲解员，将他们的讲解制作成一部完整的红色泥城主题馆讲解专题辑，让大家领略讲解员的风采，同时也在他们的讲解中重温泥城的革命历史。

2. 爱国芦苇艺术展：将学生制作的表现爱国、爱党、爱家乡情怀的芦苇画进行集中展示，举行专题画展，让全校的师生进行参观感受，感受精美的芦苇画带给大家的艺术之美，也感受少年儿童对祖国对家乡的一片深情。

3. 活动之星表彰会：对主题实践活动的各项比赛和展示活动中的优秀队员进行表彰，授予证书。将主题活动中的各个精彩瞬间予以记录，做成专题版面，在校园里进行展示，让活动的影响进一步深入人心。

二、感悟"四小"，全面营造育人氛围

泥城，是一片英雄的土壤。我骄傲，我是泥城的孩子。这是一种精神力量的源泉，让孩子们在这样一种精神力量的指引下，不断地体验和感受着，也不断挥洒着少年的热情。他们在"四小"行动活动中积极而愉悦地汲取思想道德的熏陶，勇敢而勤奋地锻炼着自己各方面的才能，使自己的

成长更充实、更快乐。

"四小"行动紧紧扎根于泥城地区丰富的革命历史资源，紧密结合学校的"魅力芦苇"特色，使学生在丰富多彩的实践活动中不断地感知，在感知中得到不断的感悟。通过活动的开展，不仅增强了学生对家乡历史的了解，强化了民族责任感和自豪感，同时提升了他们的动手动脑能力，积淀人文情怀，培养艺术涵养，全面提升了学生的创新精神和实践能力。

（一）活动亮点

1. 充分利用社区资源，地区特色浓郁

我们充分利用了泥城地区丰厚的革命历史资源，让孩子们从学习家乡的革命历史开始，结合家乡海边的芦苇资源，开展了形式多样、别具特色的爱祖国、爱家乡的系列教育活动，让孩子们在愉悦的学习活动中积淀着人文情怀和技艺技能，彰显乡土资源特色，别具一格，也有着极强的生命力。

2. 贴近学生认知水平，学生感悟深切

我们根据少年儿童爱动、爱闹、爱挑战的特点，遵循他们的身心发展规律和认知能力水平，组织开展了一系列学生喜闻乐见的活动，吸引他们积极参与，快乐体验。在活动中，孩子们受益匪浅，感悟颇多。

学生感言：

（1）"在竞聘小讲解员的过程中，我逐渐克服了自己身上的几点不足，如没有感情、像背书似的、不太熟练、讲得零零碎碎等，最终用较好的表现获得大家的认可。今天，是我在红色泥城主题馆的第一次讲解任务，我有点儿忐忑不安，当参观的老师和同学们到达了我所在的展馆时，我深深地吸了一口气，熟练又富有感情地讲了起来。同学们听得很认真，他们脸上的笑容告诉我，我是成功的，让我心里有说不出的喜悦，因为我比较害羞，在很多人面前讲话时，声音就会颤抖，脸也会像大苹果一样红，通过这次讲解，我胆子大了不少，在接下来的几次讲解中更自信了。"

（2）"别看芦苇普普通通，通过我们的设计制作，它就可以变幻成美丽的画面。在老师的指导下，我们做了一幅名为'天安门上空的礼花'的芦苇画。我们用芦苇的梗制作天安门的城墙，用芦叶切成一片片拼成天安门的城楼，而天空中的烟花则是把芦花揉碎后一点点粘上去的，我们花了好几天的工夫，在老师的指导下剪的剪、切的切、画的画、贴的贴，一步一步，非常细致而投入地工作着。虽然制作的过程中，有的同学手都被芦苇梗刺破了，粘胶水的时候把自己的手粘住了，但是看着自己创作的美丽画面，心里别提有多自豪了。"

（3）"在野餐的时候，我们的火经常熄灭，把饭烧糊了，菜也烧得黑不溜秋的，味道实在不好吃，但是也许是饿坏了，也许因为是自己烧的，所以不嫌弃，大家也都吃得乐呵呵的。看来，以后真得好好学学做饭做菜了，要不长大了连好好的饭菜都吃不上。想起红军长征的时候，爬雪山，过草地，那些炊事员背着厚重的锅子要给大家解决吃饭的问题，实在难以想象他们是怎么挨过那样的困境的。这样想想，我们现在的生活是多么美好，多么幸福啊。"

（二）活动收获

1."家乡魂"，通过"小小讲解员"的活动来实施

清明节，全体师生走进红色泥城主题馆，在烈士墓碑前举行祭奠仪式，聆听学校小讲解员的生动讲解，仿佛把学生带进了烽火弥漫的战争年代，仿佛看到革命先辈英勇杀敌的大无畏精神，仿佛听到了战斗时刻的号角，缅怀先烈、敬畏先烈的情感油然而生，使学生懂得今天的幸福生活来之不易，这就是"魂"的教育。

2."家乡秀"，通过"小小艺术家"的活动来实施

在学校的"芦苇工作坊"里，队员们两人一组，利用家乡的芦苇剪的剪，切的切，粘的粘，拼成一幅幅芦苇艺术画，并各自取一个有意义的名称，展示他们对作品的理念。《天安门广场》《五星红旗》《芦苇小屋》《芦

苇小船》等一幅幅艺术作品栩栩如生。人人争当小小艺术家，人人都来秀一秀，不仅在活动中感受美、发现美、创造美，更激发学生对家乡的热爱和自豪，这就是"美"的教育。

3."家乡味"，通过"小小炊事员"的活动来实施

暑假里，学生们纷纷向爸爸妈妈、爷爷奶奶请教，学做家乡的特色小菜，另外还来到泥城海滨的树林中，用家乡的土特产开展野炊活动。一方面按照各自的分工，人人动手，垒灶点火，拾柴烧菜；一方面听老师讲红军长征的故事，使学生们浮想联翩，品尝着自己动手制作美味佳肴，又感受着劳动的艰辛、成功的快乐。通过开展亲子厨艺大赛，评选最佳厨艺家庭，相互合作，相互品尝，相互评价，激发学生的生活情趣，自己动手，享受美味，这就是"美味"的教育。

4."家乡情"，通过"小小侦察员"来实施

学生们循着革命先辈的足迹，走进了"芦苇荡"，走访了烈士亲属，寻找先辈战斗过的地方，触景生情，情景相融，继承传统，化为行动，感悟生活，感悟人生。泥城具有光荣的革命传统，通过活动，使学生感到在这块红色的土地上，因我与家乡同根、同生、同长、同行、同乐、同创、同荣而深感自豪，这是最朴素的爱祖国、爱家乡的人文情怀，也是泥城小学的乡土教育作为民族精神教育"魂""根""本"，这就是"情"的教育。

（三）活动反思

1. 主题活动要为学生全面均衡发展服务。一个主题活动的实施，必将结合学校德育工作的方方面面，从而实现德育的和谐统一，全方位地促进学生各方面能力的发展。主题活动的设计，不仅是某一方面思想道德的熏陶，也应该加强学生各方面能力的全面均衡发展。要适时地将行规教育、心理健康教育、创新能力培养、艺术才能培育等各方面综合其中，才能真正达到润物细无声的德育效果。

2. 主题活动要形成长效教育机制。一个活动的结束，并不是教育的

终结，我们要不断思考，如何挖掘好身边的教育资源，形成长效的教育机制，让少年儿童在小学阶段逐步形成民族精神的思想启蒙，为他们的一生成长积淀一定的正能量。"四小"行动的一年周期结束，并不意味着活动的结束，在新的年度里要进行不断深化和完善，让"四小"成为每一个泥城小学孩子的成长目标。

3. 要主动协调各方开展主题实践活动。要与学校教导部门、体卫艺科组、后勤部门等通力协作，要积极挖掘校外教育资源，与社区、与学生家庭、与各种有教育资源的部门合作。"教育是全社会的共同责任"，只有形成良好的教育大环境，才能让核心价值体系真正深入孩子心中，才能让我们的孩子全面茁壮成长。

第三节 挖掘乡土资源，落实核心价值观教育活动

学校是进行社会主义核心价值观教育的主阵地，应当把社会主义核心价值观教育融入学校教育全过程。社会实践活动作为学校教育的重要组成部分，可以让学生走出校门，在广阔的社会大课堂中接触社会、体验生活，感受时代气息，获得知识技能，得到品德锤炼，陶冶艺术情怀。充分发挥好社会实践活动功能，把社会主义核心价值观教育与其相融合，可以更好地实现育德价值，从而培养出更具时代性的全面发展的现代少年。

一、挖掘校本特色，将社会主义核心价值观教育融入主题教育实践活动中

主题实践活动是社会实践活动最常见的形式之一，可以根据学校德育工作中多年实践积累而形成的特色主题、特别模式、品牌项目等，注入社会主义核心价值观体系的育德因素，从而使学校的德育品牌得以进一步拓展延伸，更具时代性和生命力。结合我校多年的特色主题教育实践活动，可组织开展如下活动来进一步深化社会主义核心价值观教育。

"四小行动，红色寻根"活动：我们把积极培育和践行社会主义核心价值观教育的理念融入其中，给"四小行动"赋予了新的形式和内涵。"小小讲解员"活动，让学生在讲述泥城革命历史的过程中，充分感知家乡辉煌的红色历史，感受为了祖国解放全国各地掀起的阵阵爱国浪潮，感受为了祖国和家乡的解放和繁荣富强，一代代革命儿女和建设人才付诸的血汗和智慧。"小小艺术家"活动，让学生利用家乡的芦苇制作精美且有创意的芦苇画，更可结合社会主义核心价值观，制作"爱国、敬业、诚信、友

善"的系列芦苇画,以孩子的视角和灵巧的双手,展示对社会主义核心价值观的理解和诠释。"小小炊事员"活动,我们以假日小队活动形式,让学生与家长一起学习烧饭烧菜,并组织到野外野餐活动,让他们感知美好生活的不易,学会合作,真诚相待。"小小侦察员"活动,以寻访芦苇丛中的革命足迹的形式,听战斗故事,寻烽火足迹,高唱起爱国爱家乡的红色歌曲,红色的革命历史教育在不经意中深深烙入学生的心灵。

"家乡的回忆"系列主题教育活动:家乡泥城身处临港开发腹地,日新月异的变化让学生迫切需要把家乡"昨天、今天、明天"的变化好好牢记。结合社会主义核心价值观教育,我们开展"记录家乡"系列活动,让学生牢记祖国和家乡的变化,感受更加富强、文明、和谐的新生活。"我是小考察员"——带领学生感受腾空而起的东海大桥,领略碧波万顷的滴水湖,走入上海汽车企业感受现代化汽车的组装过程。"我是小记录员"——孩子们用手中的相机记录下家乡的变化,记录下身边的美景,以小记者报道的形式写下心灵的震撼。"我是小实践家"——走出校门,来到社区,为社区争创文明城区进行义务宣传,与民警叔叔一起清查外来人口登记,为社区的文明和谐献力。"我是小梦想家"——走进中国航海博物馆,了解最先进的航海科技知识,开展船模车模比赛。走进海洋大学和海事大学,感受大学校园内浓郁的学术氛围和建筑风情。在开阔学生视野的同时,也帮助他们从小树立理想,为长大后建设更加富强昌盛的祖国而努力。

二、联合场馆资源,将社会主义核心价值观教育融入社区基地活动中

社区实践基地是学生体验社会生活、提升操作技能和社会实践能力的重要活动平台,也是实践社会主义核心价值观教育的重要载体。我们联合社区的基地场馆,构建德育基地网络,开展系列活动,深入推进社会主义核心价值观教育。

春红园艺场——热爱生命、善待生命：泥城春红园艺场，是由女大学生俞姐姐一手创办，其间花团锦簇，绿意盎然。我们带着学生来到其中，在俞姐姐的指导下，开展"学学认认小植物""我是小小园艺师"等活动，让孩子们懂得关注每一个生命，学会尊重教师、关爱同学，开创绿色充满爱的世界。

空军部队——责任意识、意志锻炼：在空军部队基地活动中开展"学军人，整队容"行动，让孩子们"敬规范的队礼、有整洁的仪表、踏有力的步伐、喊响亮的口号、唱嘹亮的队歌"，从而锻炼他们坚强的意志，感受学好本领保家卫国是每一个公民的责任。

红色泥城主题馆——继承传统、爱国爱家：红色泥城，历史辉煌，在烈士墓碑前，我们举行庄严肃穆的清明祭扫仪式，鞠躬、献花圈、呼誓言，用心接受革命史情的熏陶。走进展馆，学生们为大家带来倾情讲述，用少年的激情表达对家乡的热爱，展现少年的风采。

浦东农耕展示馆——勤劳敬业、努力奋斗：农耕展示馆内模拟呈现了耕耘、播种、管理、收割等整个劳动过程的动画场景，学生们通过参观了解过去家乡的农耕工具，亲身感受农耕工具的运作方式和科学原理，又通过社会实践小走访从农民爷爷奶奶叔叔伯伯那里感受劳动人民的不易，从而知道唯有勤劳敬业、努力奋斗才能创造更美好的明天。

三、倡导自主自动，将社会主义核心价值观教育融入学生社团活动中

学生社团是学生自主服务、自主管理、自主提升的一种组织形式，可以让学生展示智慧才华、锻炼实践能力、互为学习帮助、团队合作提升，它在发展学生的交往合作能力、增强社会经验和全面提高能力方面起着重要作用。将社会主义核心价值观教育活动融入学生社团活动中，可以更好地发挥学生的主观能动性，通过自身的体验和实践，将社会主义核心价值

观进行充分内化。

"小足球"社团：足球是我校的传统品牌项目，除了聘请专业教练组建的足球梯队以外，各个班级也自发组建了不少小足球社团。他们在彼此互约对战的同时，也走出校门参与各类足球竞技和嘉年华活动等，足球运动成为学校的一股潮流、一种精神。足球小社团的孩子们心中牢记着习近平主席"中国世界杯出线、举办世界杯比赛及获得世界杯冠军"的三个愿望，他们把足球运动中的拼搏奋进作为自己愿祖国富强、足球雄起的一种精神源泉。

"琴棋书画"社团：艺术让生活充满浪漫色彩，琴棋书画社团则让学生们散发出优雅又睿智的气质。学校的围棋社团中学生们斗智斗勇，在黑白世界中展示谋略。电子琴社团的学生们轻抚琴键，美妙乐声如行云流水。儿童画社团的学生以爱美的心和灵巧的手描绘着精美画卷。在这些社团活动中，学生们接受着艺术的熏陶，感受着彼此的合作和竞争，感受着社团成员之间的友善和共同志趣的情投意合。

"魅力芦苇"社团：魅力芦苇，是我们学校多年的艺术教育特色，利用家乡的芦苇，制作精美的艺术作品，是"魅力芦苇"社团孩子们爱生活爱家乡的一种情怀寄托。他们制作芦苇风车、举行包粽子比赛、进行芦苇剪贴画创意大赛等，用一种执着敬业、认真投入的精神创造出他们心中最美的"魅力芦苇新世界"。

四、发扬服务精神，将社会主义核心价值观教育融入社区志愿服务中

志愿者服务活动是指在课堂教学之外，学生运用所学知识参加的各类志愿服务活动。我们组织学生走进社区，参与社区的公益宣传、公益劳动、文艺展演等，学生们运用自己的知识、才能和主人翁精神，为社区的文明和谐贡献一份力量。在社区志愿服务活动中，学生用自己的亲身参与

体验社会主义核心价值观，用小主人翁精神来体验社会责任感和使命感。

"红马甲"天使行动：穿上红马甲，我们守护交通秩序的小天使们走上街头，为泥城镇交通繁忙的十字路口担当交通疏导员。他们手挥小红旗，劝诫想闯红灯的爷爷奶奶叔叔阿姨遵守交通信号，为他们讲解交通文明规则。他们手拿"文明签名行"的承诺板，让社区的居民进行文明交通签名承诺活动。小小少年，用他们的责任心，伸出温暖的小手牵起社区居民的大手，让大家共同为社区的文明出行尽力。

关爱孤老行动：我们与泥城的建国养老院建立了长期的合作活动关系，经常带着学生走进养老院，为那里的孤老们带去关怀、送去欢乐。为爷爷奶奶送上精心准备的节目，为他们梳梳头剪剪指甲，与他们一起包馄饨吃馄饨。对孤老们的友善关爱，让孤老们感受天伦之乐，更在孩子们心中播下爱的种子。

社区展演活动：社区周周演活动，是社区居民的文化大餐，不仅丰富了居民的休闲生活，更为他们带来精神上的愉悦和道德情感认知上的共振。我们的学生是社区周周演的主力军，他们小小的身影经常活跃在大舞台上，用优美的童声赞颂祖国的伟大、生活的美好，用绚丽的舞姿展现生命的活力，用精美的乐器演奏流动的音符，用少年最真挚的话语传递真、善、美。

社会实践活动的形式和内容可以灵活多样，除了以上这些活动以外，我们还可以组织其他各类丰富多彩的活动，比如春秋游活动、社会考察活动、军政训练活动等，从而构建更加饱满丰盈的社会实践活动体系。社会实践活动深受学生喜爱，是培养学生全面素养的重要舞台，是实现学生全面发展的重要平台。把社会主义核心价值观教育与社会实践活动融合，可以真正从学生主观出发，以学生喜闻乐见的活动形式，把教育化为最生动的活动体验，把社会主义核心价值观内化为学生最真实的自我感悟，实现社会主义核心价值观教育的"润物细无声"。

第四节　挖掘家校资源，落实特色校本化课程活动

构建学校、家庭和社区合作协商制度，充分结合各类教育资源，实现教育主体多元化和学校教育开放性，努力形成现代学校"民主协商、合作共治"的新局面，共建学生喜爱、家长信任的"家门口的优质学校"，是现代学校的发展方向。明珠临港小学处于临港新城主城区，学生家庭资源丰厚。高学历、专业技能强、知识阅历广的家长群体，既对学校怀有很强期待，又渴望更多参与学校管理和教育教学，从而推动学校尽快实现差异化、优质化、现代化发展。加强与学生家庭的联系，最大化地吸收学生家庭教育资源，有效地开发和实施特色化校本活动，努力开展适合学生需求、促进学生个性化智慧成长的各类校本课程活动，是学校正在实践和摸索的重要课题。

一、设定明晰的目标内容，有序推进校本课程活动的开发落实

1. 沟通了解，收集信息，建立家长教育资源信息库

充分利用现代化信息传播手段，向学生家长宣传学校办学理念，让家长了解学校的办学方向，理解并支持学校办学。宣传鼓励家长积极参与学校办学，并结合自身专业特长和艺术特长等进行自我推荐和互相推荐，构建学校家长教育资源信息库。

2. 交流研讨，探索需求，制定特色化校本课程活动内容

采用座谈、论坛等形式面对面交流磋商，就校本化课程活动内容开发进行深入的、多层次的交流研讨，努力形成共识。通过多种形式的线上线下交流方式，广纳建议，既面向全体家长达到共知共识，又让有一定专业才能的家长畅所欲言。组建学校校本课程活动开发小组，邀请部分专业技能较强的

家长进入开发小组，定期开展研讨活动，切实有效地制定校本课程开发内容。

3. 途径探索，实践反思，形成特色化校本课程体系

以家长资源为主导的校本课程活动：家长进课堂、家长人文讲堂、家长科学讲堂等。以学校特色理念延伸的校本课程：社团课（书法、绘画、跳舞、啦啦操等）、探究课（创客工坊、增强虚拟现实与3D打印、美工养成等）、主题教育活动课等，邀请部分家长担任此类课程的辅导老师。家校社合作进行的社区实践体验活动课程活动：社区志愿活动、社区实践体验活动、各类教育场馆体验活动等。

二、注重科学的过程方法，努力构筑适切的校本课程活动体系

1. 理解、合作、互助，是家校开发校本课程活动的基础

（1）坦诚以待，多方开放，让校园走向学生和家长

学校利用多种形式向家长传达办学方向和合作意向，如利用学校微信公众号、各种微信群、校园网、家长学校、发放告家长书等宣传模式，结合彩视、易企秀、学生入学电子手册等多种现代信息传播软件宣传方式，向全体家长进行全方位的学校介绍和解读工作，充分敞开心扉，接纳家长的品读和融合。

（2）真诚关注，倾力合作，让家长群体成为学校强大后盾

我们拥有一批学历层次较高、专业学识较浓的学生家长队伍（很多家长都是上海海洋大学等高校教师、上海第六人民医院东院医护人员、上海临港管委会等政府部门工作人员及临港高新科技企业高技术员工），他们重视教育，真诚关注学校办学，对于学校的工作非常认同并愿意倾力合作。

2. 现代化、科技化、未来化，是家校开发校本课程活动的助力

（1）借助现代媒体，开展生动活泼的校本课程活动

科技日新月异，现代媒体新颖高效，运用好现代媒体，可以使校本课程活动更加生动活泼，兼具趣味性、时代性和未来性。如我们与家长合

作，鼓励孩子参加"英语万词王"活动，让孩子们每日进行英语单词学习和积累。孩子们兴致勃勃，潜力无限，寒假期间，有13名一年级学生英语单词背诵量在1 000以上，11名二年级学生单词背诵量在2 000以上。

（2）体现未来科技，助推学校未来化特色发展

学校高度重视智慧学习方式，重视未来科技教育，希望每一个孩子都能在快乐学习中走向未来。在校本课程的开发过程中，特别注重未来科技类校本课程活动的开发。如机器人、增强虚拟现实和3D打印、创客工坊、结构模型等，一些高校教师家长等也纷纷走向我们的课堂，担任这些课程的辅导老师。这些校本课程活动的开展，让学校的科技教育特色更加彰显，也相信学校的未来化特色发展会越来越有成效。

3. 趣味性、差异性、个性化，构筑校内校本课程活动体系

（1）家长进课堂课程活动：每月组织一次家长进课堂，每个班级开设一节课，让有才能、多专业的家长走进课堂，让孩子们更早接触到美好的自然世界和独特的职业魅力。家长进课堂课程基本有以下分类：职业体验类（如小小理财家等）、科技创新类（如趣味机器人等）、自然人文类（如神奇的浒苔等）、健康安全类（如儿童医学常识等）、手工制作类（如风车转起来等）。

（2）特色社团课课程活动：学校开设了书法、美术、绘画、跳舞、足球、网球、啦啦操等社团课，努力培育孩子们的综合涵养，让他们更具个性气质，并初步形成一定的技艺才能。在这些社团课中，我们聘请具有相关艺术才能的家长担任外聘导师，颁发导师聘书，让他们参与一定量的社团课教学，充实社团课师资，在社团课上绽放风采。

（3）特色探究课课程活动：学校非常重视科技教育，努力开展创造类、含未来元素的探究课程活动，并配备了相关的专用科技场馆和设备设施，开设了机器人、创客工坊、增强虚拟现实与3D打印、美工养成、结构模型等探究课程活动。我们向愿意参与探究课程教学的家长发放导师聘书，让他们参与一定量的探究课教学，从而让探究课的开展更有保障，更具专业指导性。

（4）其他新课程活动开发：我们组织开展人文讲堂和科学讲堂两大课程活动的开发，我们也将向全体家长进行意向征集，寻求课程活动开发力量，寻找课程活动开发合作伙伴，让有相关专业知识的家长进入课程活动开发小组，从而努力提升新课程活动开发质量。

（5）各类主题教育课程活动：丰富校园生活，培养学生的全面素养，不断开展各类家校合作的主题教育活动，如优雅少年评选活动、英语万词王比赛、亲子运动会、"古韵传香"迎新会演、学生道德讲堂活动、科技节、艺术节等。

4. 广域性、开放性、实践性，构筑校外校本课程活动体系

（1）社区志愿服务活动：在民警家长、政府综合治理部门家长等的带领下，组织孩子们开展社区爱绿护绿、禁烟宣传、安全协管活动等，让小小志愿者们在活动中感受小市民的责任感。

（2）社区实践体验活动：以"小手牵大手"的形式，以亲子互动的方式，努力参与社区各类实践体验活动。比如滴水湖环湖跑公益活动、南汇新城镇诗歌朗诵会、儿童剧、假期雏鹰假日小队活动、亲子运动健身项目等，在各类实践体验活动中增进亲子感情，张扬孩子个性，培育孩子的自信心和交往能力等。

（3）各类教育场馆体验活动：充分挖掘家长职业资源，依托家长资源联络各类教育场馆，组织学生前往学习、参观和体验，比如航海博物馆、上海海事局、海事大学、海洋大学、上海飞机制造有限公司等，在不同的场馆感受历史的厚重，感受未来的魅力，从而努力培育学生的科学精神，学着从小立志，展望未来。

三、善于进行总结反思，凝聚家校合力促学校未来发展无限

1. 校本课程活动开发成效显著，助力学校特色化发展进程

家校合力开发建设的校本课程活动，让学生的学习方式发生了转变。

孩子们可以通过自主选择参加各类校本课程活动，更多地进行实践体验，亲历科学研究，自己尝试解决问题，逐渐形成更加自主的、探索的、合作的学习方式。校本课程活动更加开放性的教学模式，也让老师努力转变传统教学模式，在自身知识结构和综合涵养提升的同时，努力尝试新教育理念、新教育方法，有效促进了教师专业化发展。校本课程活动体系日渐丰富，彰显了社会化、实践化、科技化、未来化的显著特征，而这些也正是学校"优雅、温暖、有创意的智慧成长乐园"的办学理念的体现，学校智慧教育的现代化特色化进程有了更快的发展，获得良好的社会声誉。

2. 硬件建设和专业指导仍是校本课程活动开发建设的强大需求

校本课程活动开发初见成效，但是学校的硬件设备设施还是明显不足，校舍缺少、课程硬件设施不足仍是现在面临的最大问题，需要大笔的资金保障。另外，我们需要有校本课程活动开发建设方面的专家给予更专业的指导，使校本课程活动系统能够更加科学化、未来化，让学校的"未来智慧教育"驶上快车道。

3. 临港开发建设，家校资源愈见丰富，学校未来发展前景无可限量

临港正处于快速建设时期，大批世界一流场馆不断落地建成，大批高科技现代企业次第进入，临港的未来将无比绚烂。这样的大环境下，学校的建设发展势必迎来大好机遇，学校、家庭和社区的各类资源也必将愈来愈丰富，我们有理由相信，只要我们执着前行，不仅是校本课程活动建设，学校的综合办学能力、学校的未来发展，一切都将无可限量。

第五章

场馆实践·科普力
——基地体悟中的润泽

第一节　依托社区教育场馆，架构德育教育活动网络

第二节　依托浦东农耕展示馆，开展民族精神教育活动

第三节　依托地区场馆资源，架构劳动教育活动网络

随着时代的发展，以及对教育的重视，越来越多的教育场馆在不断地落成和发展。这些教育场馆，非常契合少年儿童的学习认知水平和能力，兼具科普性、教育性、趣味性、未来性，成为学生走出校门口的"第二课堂"，对于全面提升学生的道德认知、科学知识、综合素养，有着非常重要的意义。

借助各类教育场馆的资源，可以从不同维度助力学生的全面发展。

爱国基地的情感浸润：爱国主义教育，永远是德育教育的基础旋律。不同的地区，都会有一些代表本地区革命历史、文化、成就的教育基地，成为对学生进行道德信念养成的阵地。学校可通过组织各类活动，如清明扫墓、英烈祭奠、红色宣讲、参观学习等，深入了解各地的爱国主义教育题材内容，在红色文化的浸润中潜移默化地生成当代少年儿童爱国、向党的精神信仰。

博物场馆的文化传承：在历史的长河中，很多珍贵的文化遗产，都能成为讲述历史的代言人。而各类博物馆，就成为这些珍贵的文化遗产展览和收藏的地方。走进博物馆，仿佛踏入回溯历史的时光机，在一件件历史文物的阅读中感受辉煌灿烂的历史文明。带学生走进博物馆，就是最好的历史课堂，让他们感受华夏历史，领略馆藏艺术品之美、之魅，增强对文化根源的认识、尊重和骄傲。

科普基地的知识普及：科普教育基地对学生教育而言，更多的是代表着一种未来的发展方向，以科学知识的普及和科学素养的提升作为主要的教育功能。在科普教育基地中，学生了解科学知识、培养科学兴趣、养成科学思维，在生动活泼的科学世界中拓宽眼界、放眼未来，提高用科技改变世界、创造未来的意识，并习得一些基本的科学知识原理，增强科学素养和科创能力。

第一节 依托社区教育场馆，架构德育教育活动网络

德育工作是一项系统工程，挖掘德育资源，建设德育基地，是提高德育实效的一条有效途径。社区德育基地的建设，让孩子走出校园，融入丰富多彩的自然和人文环境，在实践中感知，在感知中感悟，对于拓宽孩子的视野，提高孩子的全面素养有着非常重要的意义。社区德育基地，是陶冶孩子道德情操、提高孩子思想修养的重要场所。

我们泥城小学是上海远郊的一所农村小学，又身处临港新城开发腹地，其周边有着极为丰富的社区教育资源。如记载着泥城光荣革命历史的红色泥城主题馆、临港新建的雄伟壮观的中国航海博物馆、担任着保卫祖国海岸线任务的空军部队等。这些都是非常具有教育意义的场所，可以为我们的孩子展示另一片不同于学校教育的精彩天地，成为孩子实践体验的绝佳场所。于是，我们结合学校的发展需求，结合学生的年龄和生理心理特点，充分地利用好得天独厚的社区教育资源，积极主动地争取各方支持，构建学校的社区德育基地教育网络。

一、选择最佳社区资源，构建学校社区德育基地教育网络

德育基地的选择和建立，对于补充学校教育，完善学校德育工作系统化、规范化、科学化非常重要。我们学校周边的社区教育资源相当丰富，对所有可利用资源都实行"拿来主义"显然不可取，要有选择性地对这些资源进行科学的遴选，科学地将这些资源进行整合利用，才能更好地实现对学生的全面道德素养的熏陶。因此，我们根据不同年龄段孩子的特点，有目的地选择最具有代表性的基地，构建学校的德育基地教

育网络。

一年级——生命教育启蒙——泥城春红园艺场（由大学毕业生创办的园艺场，作为全国"三八"绿色奖章获得者，潜心钻研花草种植和销售，园艺场一年四季姹紫嫣红）。

二年级——责任意识启蒙、坚强意志锻炼——空军部队（海岸线上的防护部队，有着先进的军事设施设备，有着坚韧如铁的军人队伍）。

三年级——革命传统教育——红色泥城主题馆（记载着泥城从大革命时期到港城开发的近百年泥城辉煌历史，其间有烽火年代的红色故事，更有开发建设的精彩篇章）。

四年级——科学精神塑造——中国航海博物馆（中国首个国家级航海博物馆，其建筑恢宏，馆内展示大量有关航海的实物、模型、多媒体展示等，展现了一个精彩的航海世界）。

五年级——理想信念引领——上海海事大学临港校区（充分体现国际航运文化和现代大学校园文化特色的高等学府）。

学校周边还有一些其他的教育资源可以利用，如红刚青扁豆实验基地，可以让学生领略科学种植的神奇；泥城敬老院，可以让学生在奉献爱心的同时增强尊老爱老观念；东海大桥，让学生感受现代建筑的气势，增强家乡荣誉感；等等。对于这些教育资源，我们采用主题活动的形式，把它们全部纳入"其他社区资源"中，作为以上五大基地的补充资源。学校以五大场馆为主，构建了分年级的社区德育基地教育网络。社区教育基地活动由学校校长室与各基地负责人牵头，由学校学生处具体策划，由各年级组长和基地辅导员落实实施，各年级师生积极参与，形成了一个清晰的工作网络。

二、多方保障，确保社区德育基地教育网络顺利运转

1. 政府出面支撑，实现政策保障：为了获得社区各基地的足够重视和

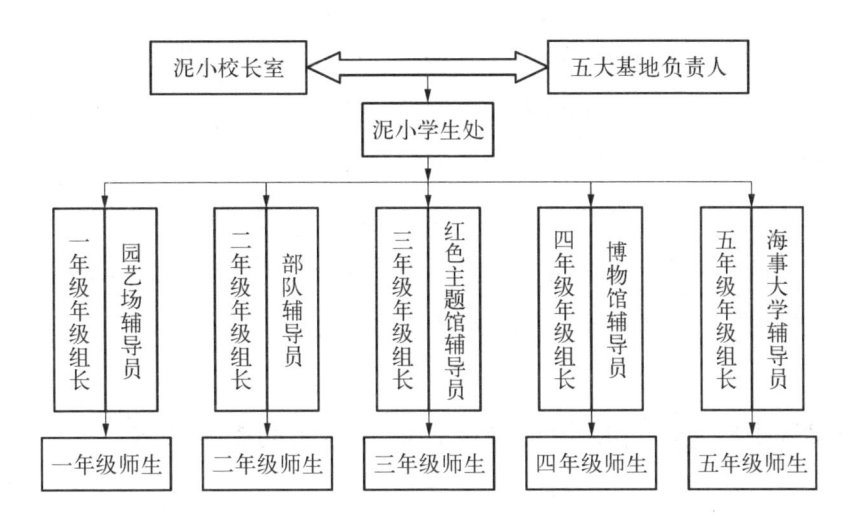

```
                    泥小校长室  ←→  五大基地负责人
                              ↓
                           泥小学生处
         ┌──────────┬──────────┼──────────┬──────────┐
     一年级│园艺   二年级│部队   三年级│红色    四年级│博物   五年级│海事
     年级 │场地   年级 │辅导   年级 │主题    年级 │馆辅   年级 │大学
     组长 │辅导员  组长 │员    组长 │馆辅导员 组长 │导员   组长 │辅导员
         ↓         ↓         ↓         ↓         ↓
      一年级师生   二年级师生   三年级师生   四年级师生   五年级师生
```

支持，我们请泥城镇政府出面进行协调，于是，泥城镇副镇长为我们出面，联系各单位负责人，进行构建社区德育基地教育网络的沟通和协商。有了政府的政策保障，我们很快与各基地负责人取得共识，将德育基地事项进行落实。

2. 共签基地协议，实现机制保障：为了更好地把德育基地工作落到实处，我们与基地的负责人共同协商，签署共建协议。我们举办了简单而隆重的签约仪式，协议中规定了社区德育基地的责任和义务，确保各基地为泥城小学学生的实践体验活动提供场地、设施、人员等的保障。

3. 聘任基地辅导员，实现人员保障：基地辅导员，是学校开展基地活动的主要联系人。基地辅导员，一般都是基地上出色的专业人员，他们有着丰富的专业知识、娴熟的专业技能，且热爱并支持教育事业，他们往往能成为孩子们崇拜的对象，有了他们的指导，基地活动将更加出彩。我们举行"德育基地辅导员聘任仪式"，用一张张鲜艳的聘书，表达学校对他们的感谢，同时也让辅导员们感到一份荣耀、一份责任。

4. 纳入学校计划，写入行事历，实现活动保障：每学年初，我们召开社区德育基地工作计划，细致规划一学年的基地活动事项，并将此项工作纳入学校发展规划，写入学校工作行事历，由学校学生处进行具体活动方案的策划实施，确保每项活动都能一一得到落实。

5. 全员参与，多次实践，实现参与面的保障：为了真正能让学生在社区德育基地上有所学、有所思、有所得，我们把五大基地活动作为学校的德育常规活动，每个学生每学年参与该年段基地活动不少于三次，结合学校"五小行动"的品牌项目建设，让学生真正在德育基地上得到知识的积累，道德的洗礼和行为的提升，并通过小学五年对五个不同基地的实践体验，达到对每一个泥小学生的全面素养的养成。

三、"五小行动"品牌项目建设，使基地活动更具实效

社区德育基地网络的建设，不仅是为了让学生在基地中参观学习，更重要的是让他们在基地活动中接受深层的科学知识、思想涵养、行为能力的熏染，从而提高学生的全面素质能力。因此，我们结合五大基地，开展"五小"行动，使基地活动更加具有鲜活的生命力。

1. "我是小小园艺师"——一年级爱绿护绿行动

一年级的孩子，刚刚踏入校门，天真烂漫也天性散漫，以自我为中心，缺乏尊重他人意识，对生命的概念似懂非懂。我们把这群孩子带入了春红园艺场。在那里，他们感受到了绿色生命的蓬勃，也感受到了对生命的呵护和尊重，可以创造如此斑斓美丽的世界。在学生感叹之余，我们举行了"学学认认小植物""我做小小园艺师"等活动，并为每个孩子发放一盆小植物，让他们在一段时间后评比谁的植物养得最好，从而评选出班级和年级的"最佳园艺师"。养护植物的过程中，孩子们懂得了要关注每一个生命，学会尊重老师、关爱同学，更懂得了要爱绿护绿，保护地球，共建一个绿色美丽的世界。

2. "我是小小示范员"——二年级"学军人，整队容"行动

军人，是坚强、勇敢、规范的象征。踏入军营，参观整齐划一的军人宿舍，观摩铿锵有力的队列表演、对战操练，领略现代化的军事武器装备等，无一不让孩子们赞叹。在此基础上，我们开展了"学军人，整队容"

行动,让学生"敬规范的队礼""有整洁的仪表""踏有力的步伐""喊响亮的口号""唱嘹亮的队歌",并邀请基地辅导员带领学生进行队列操的训练。在丰富的活动中,让他们锻炼坚强的意志,了解军人的责任是保家卫国,我们少年的责任就是从小好好学习、好好锻炼,长大以后为祖国、为家乡贡献力量。学年末,评选"小小示范员"并进行表彰,从而带动全体学生规范意识、责任意识的深化。

3."我是小小讲解员"——三年级红色主题馆讲解行动

红色泥城主题馆内展示着从大革命时期到临港开发的近百年历史,其间有抛头颅洒热血的烽火故事,有"钢刀虽快,杀不尽天下贫民"的英雄豪气,有泥城棉花亩产全国第一的农业高产辉煌,更有如今临港开发建设的瑰丽场景。身处其中,让孩子们油然而生对革命前辈的无比崇敬,对家乡的无比热爱。在烈士墓碑前,我们举行庄严肃穆的清明祭扫仪式,鞠躬、献花圈、呼誓言。在主题馆内,我们的小小讲解员为师生、为前来参观的各界社会人士进行倾情讲述,用少年的虔诚表达对家乡的热爱,展现少年的风采。我们要求每一个孩子都来争当讲解员,熟读家乡历史,选取其中的某一篇章进行讲解,从而争做优秀讲解员。

4."我是小小航海家"——四年级船模车模飞机模型制作行动

中国航海博物馆内展出着大量与航海有关的图片、模型、实物和多媒体展示材料等。博物馆建筑外形犹如两叶巨大的迎风的白帆,气势磅礴,进入展馆,里面巨大的船模、丰富的航海知识等,让孩子们惊叹航海科技的发达。在参观学习之余,我们组织学生进行船模、车模、飞机模型的制作比赛,在训练和比赛中培养他们细致的观察力、灵活的动手能力和严密的科学思维能力,并集中在学校每年一届的科技节中进行校级角逐,把最优秀的孩子作品挑选出来,进行集中展示和模拟放飞等。

5."我有一个小小梦想"——五年级放飞理想行动

上海海事大学临港校区是一所规模巨大、环境一流、教育教学水平先进的高等学府,其间校园建筑风格各异、校园环境清新优雅、校园学术氛围浓郁、校园社团活动活跃。我们的孩子在大学生辅导员的带领下，参观优美的校园，感受学子们孜孜不倦的学习精神，也参与他们丰富多彩的社团活动。在他们的引领下，孩子们向往着自己长大后也能在这样美丽的高等学府中学习，也展望着自己美好的未来。参观之余，我们组织五年级学生开展"留给母校的歌""我的未来不是梦"等诗歌和朗诵比赛等活动，让他们化感动为行动，从小树立远大的理想，并为着理想而不断努力奋斗，从而也为他们顺利小学毕业、踏入中学大门的心理过渡打下基础。

社区德育基地教育网络的成功构建，成为学校德育工作的有效补充和适度延伸。基地活动的顺利开展，不仅为学生的知识结构、道德素养、动手技能的优化提升开辟了更为广阔的空间，更实现了校内校外资源的有效整合，实现了校内校外教育的兼容并蓄，极大地提升了学校德育工作的实效性，也真正以学生喜闻乐见的活动形式，实现了德育"以学生为本"的发展理念。

第二节 依托浦东农耕展示馆，开展民族精神教育活动

弘扬和培育民族精神成为当代青少年思想道德教育的基本内容。当代社会经济繁荣、文化开放，学生的价值观念、生活方式受到多种社会形态的冲击，在世界观、人生观、价值观的形成上难免会有偏差。特别是对于中华民族几千年来的优良传统文化较为漠视，国家和民族的自豪感、荣誉感不强。面对这样的情况，我们迫切需要重拾民族精神教育的教育主旋律，让孩子们增强民族意识、传承民族气节、继承中华民族的优良传统。

在这样的时代背景下，如何充分地利用好周边的教育场馆，深度挖掘教育场馆中的民族精神教育资源，如何开展具有本土特色的场馆教育活动，强化民族精神，张扬民族自信，培育民族情怀，成为学校教育的重要课题。浦东农耕展示馆便成为我们学校的民族精神教育基地。

浦东农耕展示馆位于上海市滨海桃源内。在农耕展示馆内可系统、形象、直观地了解上海浦东的农耕文化历史及主要农作物知识，里面有模拟制作的从耕耘、播种、管理到收割、脱粒、归仓整个劳动过程的动画场景。馆内收集展示了耕地工具、播种工具、灌溉工具、植保工具、施肥工具、运输工具、收割工具、盛放工具、脱粒工具、翻晒工具等具有江南特色的农耕工具，可以让学生了解传统农耕文化，熟悉祖辈们的劳作工具、生活用具，切实感受过去人们无穷的智慧和伟大的力量。

我们泥城地区的小学生，虽然都是农民的后代，但是随着时代的发展，特别是开发、拆迁和城市化进程的大推进，他们已经远离了传统的农耕生活，不了解农田耕种，不认识传统的农耕工具。男耕女织的田园生活他们知之甚少，历代农民身上那种勤恳、奋斗、执着等闪光品质他们也不甚了解。我们觉得，时代的进步，农业科技的快速发展，不能影响我们对传统农耕文化的精髓的记载和传承，这对于培养学生的爱国爱家乡情怀，培养他们勤劳质朴、智慧创新等精神品质是相当有益的。

一、浦东农耕展示馆活动设计和实施

（一）活动内容

浦东农耕展示馆主题活动设计

活动时间	活动主题	活动形式	参与对象	教育目标	场馆资源利用情况说明	预期成果
5月	童眼看展馆——认识家乡的农耕工具	农耕展示馆参观	三、四、五年级	认识农耕展示馆里的农耕工具，了解浦东劳动人民过去的劳动生活，增强自豪感，培养爱国爱家乡情怀	参观农耕展示馆，认识里面的农耕工具	农耕工具摄影作品；农耕工具使用推介会
10月	快乐大走访——了解家乡的农耕工具文化	社会小调查	三、四、五年级	通过对农民家庭的走访，了解过去的农家生活，感受劳动人民过去的艰苦生活，培养小学生的勤劳俭朴意识	通过走访，结合农耕展示馆中所了解的农耕工具和农耕习俗，互为融合，提高认知	调查小报告；小报设计作品
12月	未来大畅想——热爱家乡的农业未来	"科技创造未来"征文大赛	三、四、五年级	发挥想象，憧憬未来，通过科技创想大赛让学生充分想象未来的美好，能够利用智慧进行创造创新，从而从小立志，建设更加美好的家乡和国家	通过展示馆中的农耕工具所具备的功能，畅想未来如何扩大其功能且具备更高的未来科技，展示馆的工具为畅想基础	学生征文；未来农业科技想象画

（二）活动实施原则

1. 全体性原则：对农民的后代进行传统农耕文化的追溯和学习，是一种历史文化的传承，是一种寻根的教育，务必对全体学生进行教育引导。常规活动如浦东农耕展示馆的参观等活动就要全员参与。

2. 自主性原则：学生可以根据自己的特长、能力水平等，自主选择参加摄影、推介、调查、小报、征文、想象画等各类活动，在活动中体现才能，在活动中增强认识。

3. 趣味性原则：活动的开展要适合小学生的年龄特点，注意要有趣味性和活泼性，传统农耕文化的学习相对比较枯燥，而我们设计摄影、社会小调查等多种活动形式让学生喜闻乐见。

4. 创新性原则：传统文化需要传承，在传承的基础上更要创新，我们要求学生以未来想象的方式进行征文比赛和想象画比赛等，就是让他们在认识传统之后畅想未来，让他们以天马行空的想象，描绘未来蓝图，也由此可以激发学生立志，为美好明天而奋斗。

（三）活动组织形式

1. 主题教育活动：班主任根据活动主题，设计主题活动方案，以主题教育活动的形式，开展各项主题活动，让学生在班主任的教育和引导下，更好地参与到各类活动中，得到更好的教育效果。

2. 社会实践活动：要组织学生走出校门，走进社会，在社会大课堂中深入体验。如浦东农耕展示馆的参观活动，如农耕文化的小调查活动等，让他们在参观走访中增加见识，提高认识。

3. 各类比赛竞技活动：举办摄影作品比赛、小报评比、征文比赛、想象画比赛等多种比赛，让学生在积极参与的同时培养竞争意识，也可在参评获奖的过程中培养自信心和表现力。

二、农耕展示馆活动助力学生能力全面发展

（一）学生认识了很多传统的农耕工具，知识得到拓展，能力得到培养

通过浦东农耕展示馆系列活动的开展，学生从原先对传统农耕工具基本不认识的情况，到活动开展一个阶段之后，大家都能认识一些传统的农耕工具。特别是在农耕工具摄影作品的收集过程中，我们的学生与自己的爸爸妈妈一起，到还没有拆迁的农民家庭中走访，寻找现在还留有的一些传统农耕工具，对这些农耕工具进行拍摄，并从农民老爷爷老奶奶那里了解这些农耕工具的使用方法及功能功效等，亲眼所见加亲耳所闻，让学生对这些农耕工具充满好奇，记忆也尤为深刻。一些现在还可以找到的传统农耕工具，比如镰刀、锄头、竹篮、簸箕等，孩子们都能如数家珍了。在之后的农耕工具使用推介会上，孩子们逐个上台，声情并茂地介绍自己所拍摄的农耕工具，把从农民老爷爷老奶奶那里了解的知识传播给其他的同学，让大家都来认识这些农耕工具。亲身实践寻找到的农耕工具，亲手拍摄农耕工具照片，让孩子们充满成就感，也对这些农耕工具充满了感情。他们互相交流，互相欣赏，不知不觉中认识了很多的传统农耕工具，也大致了解了这些工具的使用方法。

（二）了解了不少农耕文化知识，感受到了农民身上的闪光特质，特别是勤劳质朴、乐观热情的精神

在童眼看展馆、快乐大走访等活动中，孩子们不仅认识了不少农耕工具，更在参观听讲解、调查听介绍的过程中了解了很多的农耕文化知识。他们知道了以前水稻种植都是需要育苗和插秧的，偌大一块水田，都需要农民们一组一组去插种到田里。在炎热的夏天，太阳炙烤，农民需要弯着腰，一行一行，边插秧边后退，就像绘就一幅极大的图画，一笔一笔，把它慢慢完成。腰酸背痛，忍着；汗流浃背，忍着；被蚂蟥叮了；忍着，手啊背啊被晒得蜕皮了，还得忍着。他们身上的那种勤奋、坚忍、执着，今天的任务一

定要今天完成的信念决心，让孩子们极为钦佩。而农民一年四季都要在农田中不停耕耘，依靠农田收成来改善生活，他们虽然辛苦，却依然乐天开朗，对生活充满热爱。农民身上的这些闪光特质，都深深地震撼了我们的学生。

（三）学生对未来充满信心，知道要勤动脑，用智慧改变生活，立志为建设更加美好的家乡和国家而努力，提升了爱国情怀

在认识了传统的农耕工具、了解了家乡的农耕文化的基础上，我们开展了对家乡的农业未来进行头脑风暴的"未来大畅想"活动，让学生们结合之前了解到的农耕工具所具备的农业功能、了解到的农业知识，充分地发挥想象，憧憬未来，畅想未来的高科技农业。孩子们天马行空，在征文活动和未来农业科技想象画比赛中，把自己的创意设想做了淋漓尽致的表达。如五（3）班的小董同学是这样写的：

"以前的农业耕作方式比较落后，农民伯伯春天要在地里耕地、播种。生长期间还要下地除草、杀虫、浇水。到了秋天才可以收获庄稼。辛勤劳作大半年，才能获得收成。而收成的好坏，还取决于天气。如果干旱、少雨，或者发生洪涝灾害，这点儿收成也就没什么指望了。

"未来的农业又是什么样呢？二十年后的一天早上，农民伯伯吃完早饭，带着他的机器人助理'小黑'下地去了。到了地里，农民伯伯按下遥控器按钮'播种'，机器人就开始工作了。只见它迅速地翻地，播下有机种子，又浇上了水。大约一小时后，种子就开始发芽，尽情吸收阳光雨露，疯狂地生长。又过了几个小时，庄稼开始抽穗了，长势喜人，农民伯伯看了高兴得合不拢嘴。下午五点钟的时候，麦子就已经成熟了。微风吹过，金色的麦浪朝人们频频点头、微笑致意！这时候，农民伯伯笑着按下'收割'按钮。助理'小黑'就开始紧张有序地工作了。短短半个小时的时间，'小黑'就完成了收、碾、磨三道工序，并把磨好的面粉放入了仓库。

"晚上，饭桌上摆满了美味佳肴，其中那盘香喷喷的饺子就是用今天种的麦子做的。这种麦子磨出的面粉，不仅口感好、筋道，而且营养丰富。

一家人围坐在桌旁,品尝着美味、营养的食品,禁不住啧啧称赞:还是现代农业好,当天种、当天收。有机种子有魔力,生长周期短,营养价值一样好。机器人'小黑'也不赖,地里的活儿全靠它,省时省力还听话!

"这就是未来的农业,很奇妙吧!有机种子、机器人将成为人们的好伙伴。只要人们有勤劳的双手、聪明的头脑,在不久的未来,一定会拥有这样的美好生活!"

学生的创意总是出乎我们的想象,他们也在这样的想象中告诉自己要有"勤劳的双手和聪明的头脑",相信他们会在这样的目标的驱动下,努力学习,长大后练就过硬的本领,为建设更加美好的家乡和更加强盛的祖国出力。

三、农耕展示馆活动开展的价值和意义

(一)传统农耕文化熠熠闪光,是民族精神的重要组成部分,我们必须记载和传承

在我们的调查报告中,我们了解到孩子的爷爷奶奶一辈很多都是农民,但是孩子的爸爸妈妈已经很少接触农业,而我们的孩子更是与农业生活基本远离,他们对于浦东的传统农耕生活知之甚少。但是在传统的农耕文化中,有很多熠熠闪光的东西,不可以随着时代的发展而忘却,应该把它们好好地记载和传承下来,让我们这些农民后代的孩子,也得到熏陶和培养。比如传统农耕工具的产生,都是在农民的实践劳动中摸索和发明创造出来的,体现了农民的勤劳智慧,这种实践产生创造的精神需要传承。比如农民在田间耕种劳作的过程中所展现出来的勤劳、坚忍、俭朴、敬业的精神品质,更需要现在娇生惯养的新一代孩子来学习和培养。

(二)农耕文化的记载学习迫在眉睫,学校应该担起重任

农民生活,最真实地体现在孩子们的爷爷奶奶那一代人身上,他们对

农耕文化了如指掌，对农业生活如数家珍。而现在的中青年一代和学生一代，都对传统农耕文化不甚了解，是否随着爷爷奶奶们的老去，传统农耕文化就要失传？那么农耕文化中的精神精髓，该如何传承下去呢？所以，学校作为培育民族精神的主要阵地，就要在这样的重要时刻承担起责任来，充分地利用好浦东农耕展示馆这样的教育场馆，充分地发动孩子们到爷爷奶奶那里去获取关于农耕文化的相关知识，把最生动鲜活的农耕文化情境、最有趣活泼的农耕文化故事保留下来，并进行科学的分析整理，形成传统农耕文化的相关教本和教育方案等，再把这些教育资源变成学校弘扬和培育民族精神的重要载体进行宣传、组织教育。我们不能让传统农耕文化随着时代的发展而流失，而应该让传统农耕文化的精神精华在时代的发展变化中不断映射出时代的特质，成为我们浦东农民后代身上应该具备的精神品质。

（三）民族精神教育与传统教育场馆资源的融合，可以更好助推学校的特色发展

民族精神教育的深入开展，对处在世界观、人生观、价值观尚未形成阶段的小学生而言具有非常重要的意义，他们的思想道德观念还未成形，他们的人生价值观念还未形成，面对信息时代，新生事物层出不穷，好的坏的各类信息不断冲击碰撞，如何对他们进行教育指引，帮助他们学会观察、学习、辨别，学会接受正面教育，形成正确的三观，从而坚持正确的人生方向，是学校需要思考和实践的重要课题。像浦东农耕展示馆这样的传统教育场馆，里面的农耕工具展示、农耕文化介绍，汲取了源远流长的浦东传统农耕生活中的生活和思想精髓，思想内涵极为深厚，活动外延又极为广阔，学校可以充分利用好这样的场馆，开发建设活动课程体系，将场馆中的文化精髓与学校的育人目标相融合，不断地进行实践探索，寻找到适合本地学生学习成长的教育教学模式，寻找到适合学校专业发展的努力方向，与学校精神相融合，从而在借助场馆进行实践体验的过程中，也推动学校的特色和内涵化发展。

（四）民族精神的培育和践行，是一项长期育人目标，要不断传承，要不断更新

在利用浦东农耕展示馆进行民族精神教育的过程中，我们让学生认识传统农耕工具，了解传统农耕文化，在丰富多彩的活动过程中，学生们不仅通过学习感知更加了解家乡、热爱家乡、热爱祖国，培养了爱国情怀，也在不断深入实践中了解和感受到了劳动人民身上的勤劳、俭朴、尽责等思想品质，这些都是漫漫人生路必须具备的素养。通过实践和体验，孩子们也了解了随着时代的发展，农耕文化也在一代代人的努力和探索中不断科技化、现代化，智慧的头脑、创新的意识是促进时代进步和发展的动力。一系列围绕浦东农耕展示馆而开展的实践体验活动，很好地体现了学校在培育和践行民族精神教育过程中对学生进行爱国爱家乡、勤劳质朴、智慧创新等教育点的深入渗透，并取得了卓然的成效。在这样的良好态势下，学校要牢牢把握好民族精神教育的脉搏，不断进行传统活动的传承和更新，不断进行学校特色活动的探索和实践，让民族精神教育在学校的不断发展过程中不断绽放新的光彩。

浦东农耕展示馆，有着深厚的浦东传统农耕文化精髓，让学生认识常用的农耕工具，了解浦东的传统农耕知识，有利于让孩子们传承家乡传统文化，更好地认识到家乡祖祖辈辈传承下来的智慧和精神精华。在实践探索的过程中，孩子们了解了家乡的农业历史，对家乡了解更深，热爱更甚，他们的爱国情怀得到提升。在学习感知的过程中，孩子们知道了农民身上的勤奋、俭朴、尽责、智慧、创造等，积淀了他们深厚的民族情怀。这样的教育方式，对于培育学生的民族精神，对于传承优良传统文化，意义重大。

传统农耕文化已远离现代生活，学校应当担起责任，做好记录和传承的链接工作，民族精神教育应与传统教育场馆资源相融合，在传统与现代的融合中，以不断的传承、创新、发展，寻找到更具特色和生命力的学校育人之路。

附录 农耕文化小调查

请根据以下问题，对自己及家人的情况进行记录。

1. 谁在小时候下过田？ （   ）
   A. 爷爷、奶奶　　B. 爸爸、妈妈　　C. 我　　　D. 都没有
2. 谁认识下面这些农耕工具并知道它们如何使用？ （   ）

   A. 爷爷、奶奶　　　　　　　　B. 爸爸、妈妈
   C. 我　　　　　　　　　　　　D. 都不认识
3. 谁曾经使用过以上这些农耕工具？ （   ）
   A. 爷爷、奶奶　　　　　　　　B. 爸爸、妈妈
   C. 我　　　　　　　　　　　　D. 都没用过
4. 你认识以上农耕工具吗？如果认识是通过什么途径？ （   ）
   A. 不认识　　　　　　　　　　B. 爷爷奶奶、爸爸妈妈介绍
   C. 老师介绍　　　　　　　　　D. 书籍、网络等途径
5. 爷爷、奶奶曾经下田干过哪些农活？

   _____

6. 爸爸、妈妈曾经下田干过哪些农活？（如果没有，就写"无"）

   _____

7. 你曾经下田干过哪些农活儿？（如果没有，就写"无"）
_____

8. 你觉得以前的农民身上有哪些优良品质值得学习？
_____

9. 这些农耕工具现在都已经不用了，你觉得我们还有必要去认识它们吗？　　　　　　　　　　　　　　　　　　　　（　　）

　　A. 很有必要　　　　B. 一般　　　　C. 没有必要

10. 如果要学习农耕文化，你希望学习什么？（可以多选）（　　）

　　A. 认识农耕工具，了解农耕工具如何使用

　　B. 认识农作物及其生长规律

　　C. 知道中国的二十四节气

　　D. 了解以前的农业故事

　　E. 了解现代农业科技

第三节 依托地区场馆资源，架构劳动教育活动网络

《中共中央 国务院关于全面加强新时代大中小学劳动教育的意见》指出："劳动教育是中国特色社会主义教育制度的重要内容，直接决定社会主义建设者和接班人的劳动精神面貌、劳动价值取向和劳动技能水平。""整体优化学校课程设置，将劳动教育纳入中小学国家课程方案，形成具有综合性、实践性、开放性、针对性的劳动教育课程体系。"

2019年7月27日，国务院印发《中国（上海）自由贸易试验区临港新片区总体方案》，指出："进一步拓宽国际优质资本和经验进入教育、医疗、文化、体育、园区建设、城市管理等公共服务领域的渠道，加强新片区各类基础设施建设管理，提升高品质国际化的城市服务功能。"

作为一所身居临港新片区先行发展区的小学，如何更好地挖掘地域教育资源，在临港快速建设未来新城的发展洪潮中，顺应时代的召唤，建设系列化"走进新片区"现代化劳动教育课程，从而培育具有现代劳动意识、智慧劳动技能、未来劳动眼光的"未来劳动者"，是我们探索和实践的重要课题。

一、对"'走进新片区'现代化劳动教育课程"的理解

劳动是指人类围绕各种生活资料和生产资料进行的生产活动和提供非物质形态的服务活动。最常见的传统的小学劳动教育活动为家务劳动、农业生产劳动体验、工业劳动体验、商业和服务业体验等，更多体现的是简单家庭劳动、简单农业劳动和机械工业劳动等。

现代化劳动教育更倾向于和现代化技术相关的、指向未来职业可能的劳动教育，更注重现代化、科技化生产劳动同智育和体育的结合，体现运

用现代科学技术提高生产力。"走进新片区"现代化劳动教育课程指的是结合临港新片区的现代化场馆、现代化高校、现代化企业形成的劳动教育课程，更注重知识储备、科技含量、智慧职业体验、未来职业引领。

二、挖掘地域资源，形成"走进新片区"现代化劳动教育资源库和基本课程框架

临港是一片新兴之地，从20年前的吹沙造田到如今新城初具规模，已经历了非常快速的现代化发展。自从"临港新片区"于2019年8月挂牌以来，更是驶上了发展快车道。大量的人才引进，大量的现代化企业场馆等入驻，并以高起点、高科技、未来化为特征，带动临港成为"未来之城"。"走进临港新片区"现代化劳动教育课程的建设，首要任务就是各类资源的收集及由此形成基本的课程框架。

1. 论证为先，筛选组合，形成现代化劳动教育课程基地资源库

临港新片区的地域资源非常丰富，如何选择更多体现现代化劳动概念的基地，纳入学校的劳动课程体系，是我们进行课程建设探索的第一步。我们邀请了临港新片区教育管理部门领导、临港新片区团委领导、各社区教育干部、学校家委会成员等，组织进行"建设'走进新片区'现代化劳动教育课程基地"论证会。通过大家的提名建议、集体商议、论证鉴别，分别选取了以下单位为第一批现代化劳动教育课程备选基地，从而形成了基地资源库。

基 地 类 型	基 地 名 称
现代化技术基地	中国航海博物馆
现代化生物基地	上海海昌海洋公园
现代化高校基地	上海海洋大学、上海海事大学
现代化智能企业基地	科大讯飞

2. 政府搭台，基地携手，形成现代化劳动教育课程人力资源库

基地向学校开放，提供现代化劳动教育素材，并协助学校构建劳动课程体系，在实践过程中为学生进行现代化劳动体验做向导和引导，必须有基地的专业人才提供支援。临港新片区管委会教育管理部门牵线搭台，为学校和基地形成对接，根据学校建设课程和实践课程的需求，选派各基地的专业人才加入学校现代化劳动课程建设项目组，形成了该项目的人力资源库。

根据每一个基地的不同特性，结合基地可以向学生提供的劳动教育课程资源，我们最终有如下人员成为现代化劳动教育课程人力资源库成员：中国航海博物馆社教部主管宋先生、上海海昌海洋公园生物研究中心主管牟先生、上海海洋大学水产科学实验教学中心主任黄先生、上海海事大学物流工程学院副教授王女士、科大讯飞临港区域经理曾先生等。

所有人力资源库成员，既有专业技能知识，又在基地中承担一定的领导职务，具有一定的开放使用基地劳动教育资源的权限，可以成为基地与学校携手的桥梁，协助提供课程知识资源并提供劳动场所支持学校劳动课程实施等等。他们的加盟，成为学校现代化劳动教育课程建设和实践的重要力量。

3. 学校基地合作，构建"走进新片区"现代化劳动教育课程框架

结合小学生的年龄特点，结合各基地的现代化劳动教育资源，寻找可以提供给小学生的现代化劳动教育主题和内容，架构系列化、系统化、现代化、丰富化的劳动教育课程框架，体现"临港新片区"特质，体现"未来之城"特色，在学校和基地的合作下，以第一批基地为依托，初步架构了如下"走进新片区"现代化劳动教育课程框架（第一版）。

年 段	基地名称	课文主题	课文内容
低年级（一、二、三年级）	中国航海博物馆	小小航海家	小水手编绳结、小舵手模拟驾驶
	上海海昌海洋公园	水母饲养员	水母饲料加工、水质检测
		海豚驯养员	海豚驯养手势、海豚血样观测

续表

年 段	基地名称	课文主题	课 文 内 容
高年级（四、五年级）	上海海洋大学	"彩虹鱼"科考员	"彩虹鱼"海底科考
	上海海事大学	智能车设计师	编程设计智能小车 智能小车障碍跑
	科大讯飞	智慧梦想家	设计智能校园和智慧家庭产品

三、编制课程课本，形成《"走进新片区"现代化劳动教育手册》（第一版）

依托课程课本，凝聚课程目标，编制《"走进新片区"现代化劳动教育手册》（第一版），并以此为活动依据，深入基地开展现代化劳动教育活动。下面以上海海昌海洋公园"水母饲养员"一课阐述现代化劳动教育手册的课文内容。

1. 学习为先，整理"学习资源单"，供学生做现代化劳动知识铺垫

现代化劳动教育课程，与传统劳动教育课程最大的不同，就在于每一项劳动教育之初，务必进行"此专业"的知识学习和铺垫，才能更顺畅地帮助某一个劳动岗位体验的学生去理解和实践这个岗位。"水母饲养员"岗位劳动体验之前，我们为学生提供了如下"资源单"。

"水母饲养员"学习资源单

亲爱的同学：

　　欢迎你参加"水母饲养员"现代化劳动体验，为了使你的劳动体验项目顺利开展，需要做一些前期的学习和准备，更好地认识和了解水母。在前往海昌公园参加劳动前，请利用以下资源进行学习和储备吧，预祝你的劳动体验收获满满！

1. 上海海昌海洋公园官网：

可查看与项目相关的展馆"珊瑚水母馆"相关介绍。

网页链接：http://www.haichangoceanpark.com/shanghai

2. 教育科普视频《动物王国之带刺的水母》：

网页链接 https://url.cn/5fh7XLK?sf=uri

3. 百度百科《水母》：

网页链接 https://baike.baidu.com/item/%E6%B0%B4%E6%AF%8D/1961

4. 上海海昌海洋公园微信公众号：

手机扫码了解海昌公园相关信息（图1）

5. 上海海昌海洋公园水母科普教育视频：

手机扫码观看视频（图2）

图1　海昌公园公众号　　　图2　水母科普教育视频

2. 专业引领，编制"劳动小笔记"助学生掌握现代化劳动技能

每一种现代化劳动技术必然指向该专业领域的劳动操作科学技能，结合每一项不同劳动体验项目，以"劳动小笔记"的形式，由基地辅导老师做"劳动师傅"，带领孩子"边学习边劳动"，在完成"劳动小笔记"的同时实现该项劳动的顺利达成。"水母饲养员"的小笔记模板如下：

"水母饲养员"劳动小笔记

"水母饲养员"是一项专业技术要求很高的工作，需要你跟着师傅认真学习，掌握技术要领，进行科学操作，确保小水

母能够在你的饲养呵护下健康安全生活。你的现代化劳动体验开始了,用你的劳动笔记来记录你的劳动实践和劳动收获吧。

一、后场饲料间劳动

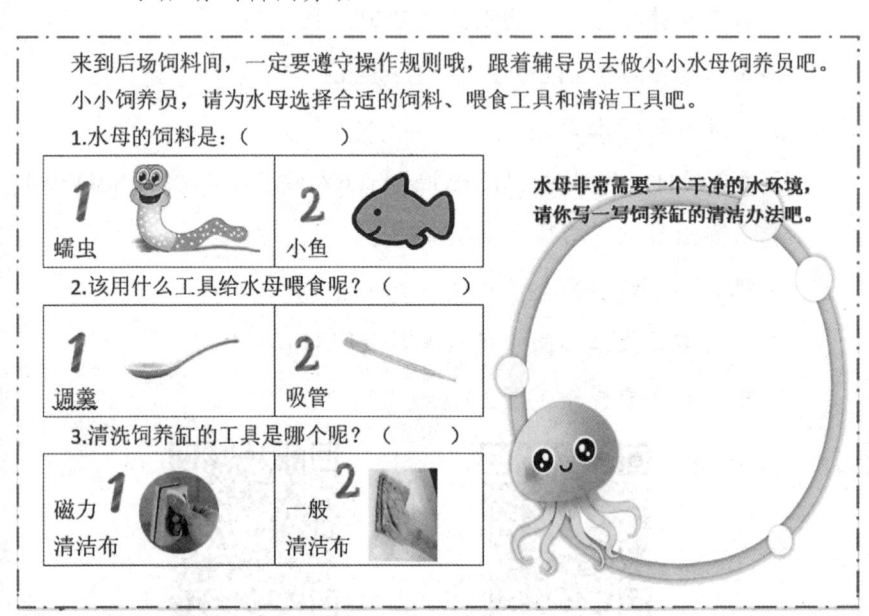

来到后场饲料间,一定要遵守操作规则哦,跟着辅导员去做小小水母饲养员吧。

小小饲养员,请为水母选择合适的饲料、喂食工具和清洁工具吧。

1.水母的饲料是:(　　　)

1 蠕虫　　2 小鱼

水母非常需要一个干净的水环境,请你写一写饲养缸的清洁办法吧。

2.该用什么工具给水母喂食呢?(　　　)

1 调羹　　2 吸管

3.清洗饲养缸的工具是哪个呢?(　　　)

1 磁力清洁布　　2 一般清洁布

二、水质理化劳动

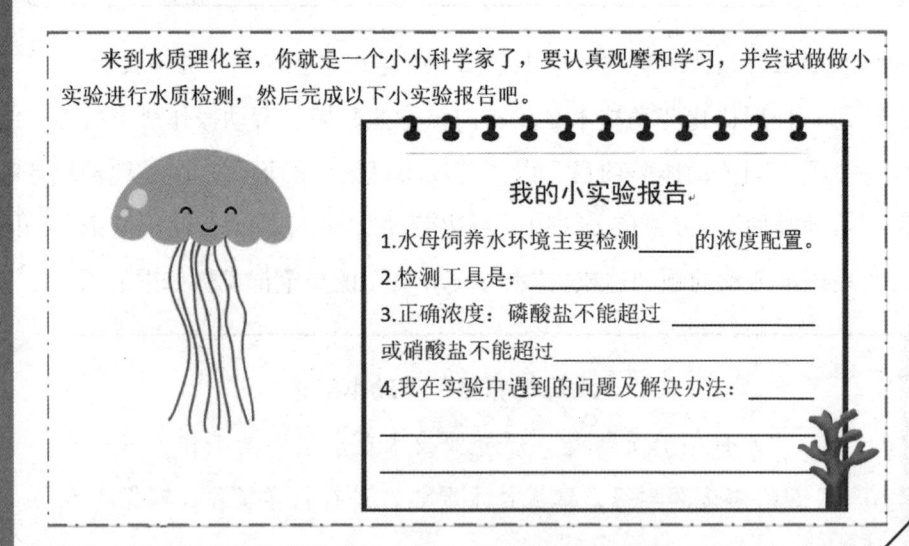

来到水质理化室,你就是一个小小科学家了,要认真观摩和学习,并尝试做做小实验进行水质检测,然后完成以下小实验报告吧。

我的小实验报告

1.水母饲养水环境主要检测_____的浓度配置。

2.检测工具是:_____

3.正确浓度:磷酸盐不能超过_____

或硝酸盐不能超过_____

4.我在实验中遇到的问题及解决办法:_____
_____
_____

3. 评价保障，根据现代化劳动实践多方评价促进反思提高

劳动的前期准备是否充分，劳动的过程是否认真学习，是否掌握专项劳动技能，是否达成了该项现代化劳动的技术要领的掌握和运用，是否形成了良好的劳动意识、掌握了一定的劳动技能、体现了一定的劳动素养……我们运用"劳动小评价"的方式进行总结和反馈，从而帮助学生重新审视自己的劳动过程，科学评判该项劳动的达成度。以"水母饲养员"为例，我们设计了如下"劳动小评价"。

"水母饲养员"劳动小评价

在参与"水母饲养员"劳动项目过程中，你的表现如何呢？请你自己评价一下，并邀请小伙伴和辅导员为你做一下评价（最佳为3星，一般为2星，须努力为1星）。

评价项目	评价内容	自我评价	小伙伴评价	辅导员评价
劳动准备	1. 认真学习资源单素材			
	2. 预习劳动小笔记内容			
劳动观摩	1. 仔细聆听师傅指导			
	2. 认真记录劳动要点			
实践劳动	1. 遵守饲料间操作规则			
	2. 掌握饲料加工技巧			
	3. 进行科学喂食和清洗			
实验劳动	1. 掌握水质检测方法			
	2. 科学进行水质检测			
	3. 完成完整的实验报告			

4. "673"结构，形成《走进新片区》现代化劳动教育手册》（第一版）

6个基地，7篇课文，即为整本手册的主要内容。在设计完成序言、课文目录之后就是7篇课文的具体内容。而每篇课文都由"学习资源单、劳

动小笔记、劳动小评价"3个部分组成。这样的"673"结构，就形成了适合小学低年级和高年级不同学段的、源自不同特色基地的现代化劳动教育课程手册。手册成为课程的载体，助推"走进新片区"现代化劳动教育课程走向实际操作、走向科学运作、走向未来发展。

　　5. 紧跟临港发展，不断挖掘新生资源，充实和完善课程体系和内容

　　临港新片区的发展可谓日新月异，新片区方案提出"建立以关键核心技术为突破口的前沿产业集群"，并已经在落实建设，如集成电路综合性产业基地、人工智能创新及应用示范区、民用航空产业集聚区、"一带一路"沿线国家和地区的维修和绿色再制造中心等。这也就意味着大量的科技基地将持续落户临港，临港是真正的"未来之城"。我们将持续不断地挖掘新生的可利用资源，不断丰富学校现代化劳动教育资源库，不断丰厚学校现代化劳动教育课程，让课程体现"新片区脉动"，让《"走进新片区"现代化劳动教育手册》持续更新第二版、第三版……

四、"走进新片区"现代化劳动教育课程所蕴含的时代意义

　　1. 体现时代走向，更好传递现代和未来劳动理念

　　随着现代科技的迅猛发展，传统的农业、工业、服务业等劳动岗位已经或正在逐渐被时代所淘汰，"智慧劳动、科技元素"成为未来劳动的核心元素。原本躬耕于农田的农民已经被现代大型农业机器取代。原本工厂流水线上的工人已经被工业机器人取代。原本银行大厅里的咨询台人员已经被语音智能机器人取代。"无人超市"的悄然出现预示着超市收银员将被淘汰。由此可见，简单机械的劳动已经不再是未来劳动和职业的走向，未来劳动更多需要以未来科技和智慧劳动为基础。如今的小学生，他们的未来我们更加无法预估，而他们将来所可能从事的职业劳动必将更加具有挑战性。建设"走向新片区"现代化劳动教育课程，就是帮助他们用科学的眼光看向未来，正确理解"现代和

未来劳动"的趋势。

2. 转变教育观念，依托劳动教育课程为学生的将来做好铺垫

纵观现在的小学劳动教育课程，我们看到的基本内容大致都是：家务劳动、校园小岗位、社区志愿服务等，这些劳动课程非常"接地气"，可以帮助学生形成良好的自理能力，学会互相合作，学会志愿奉献等，但是这些劳动课程最缺乏的就是"走向未来的活力和生命力"。教育的现代化，就是为了培育未来社会的合格建设者和接班人，那么现代化劳动教育，必然是要更多体现"现代化、科技化和未来化"。重塑小学劳动课程体系、建设更具智慧生态的新时代劳动教育课程非常必要，我们一定要转变教育观念，放眼孩子的未来可能性，让劳动教育课程为他们的未来职业发展做好铺垫。在现代化劳动教育课程实施的过程中，学生不仅可以形成"遵守劳动纪律、养成劳动习惯、热爱劳动实践"等基础劳动意识，更可以积累"把握科学原理、运用现代科技、进行劳动创新"等高阶劳动素养，帮助学生向"未来社会人"发展，形成更全面的未来综合素养。

3. 凸显科技力量，帮助学生明确当前学习任务，科学地进行职业规划

信息资讯时代，智慧城市时代，小学生的智商、情商、财商等的发展也极为快速，他们的观察能力、理解能力、辨别能力及自我意识、职业理想等综合素养能力不断提升，特别是小学高年级阶段，"职业规划"已经成为一项重要课题。通过"走进新片区"现代化劳动教育课程的实施，学生进行了临港现代化场馆、高校、企业中的各种职业体验，他们会发现，所有的这些"现代化劳动岗位"都需要专业知识的铺垫、专业技能的锤炼，其中更蕴含了"现代科学技术是第一生产力"的深刻体悟。这种实践体验让他们明白，唯有从小扎实学习科学知识，将来才有更多职业发展的可能。而这些实践体验也可能为学生打开另一片天地，让他们揭开不同现代职业的神秘面纱，帮助他们培育某种职业意向的萌发，从而让他们对自己的将来进行更加科学精准的职业规划。

五、对"'走进新片区'现代化劳动教育课程"实践的反思与展望

1. 面向未来的现代化课程建设，需要高位筹划和专业支撑

教育的现代化，需要现代化课程来实施；现代化课程建设，需要专业力量来支撑引领。在前期进行的"走进新片区"现代化劳动教育课程的实践过程中，我们已经有了各个临港基地的大力配合支持，但是总体而言还是觉得课程略为单薄、课程定位高度不够、实践操作深度不够。除了依托临港的高科技基地，还需要教育领域的课程建设专家进行指导和引领，还需要以课题专项研究的方式，进行课程的高位谋划、科学构架，不断丰富课程实体，科学地制订课程计划、指导纲要、课程手册、实践指南等等，从而让课程建设更加有科学性和完整性，更好地助推学校课程的未来化可持续发展。

2. 伴随"临港新片区"无限可能，持续深入建设愈来愈丰厚的现代化课程体系

现代教育理念，需要突破校园界限，更多吸纳社会教育资源，犹如不断引进源头活水，助推学校课程更加灵动丰富，助推学校育人更加全面完整。临港新片区的成立是国务院政策落实项目，它的未来无法限量，学校办学的过程正是陪跑"临港新片区"不断发展的过程，在它不断广纳人才进行未来项目建设的同时，学校要不断丰富课程建设所需各类资源库，不断丰富"走进新片区"现代化劳动教育课程，不断开拓更多有利于学生未来发展、有利于为"临港新片区"培育未来建设者和接班人的其他课程和项目，从而真正实现学校与新片区共发展、学生与新片区共成长。

第六章

创意实践·发展力
——多元思维中的创想

第一节　利用校园吉祥物，开展核心价值观教育活动

第二节　利用校园吉祥物，构建多元德育活动课程体系

第三节　基于项目化学习，开展特色德育实践活动

第四节　基于项目化学习，开展海洋文化德育实践活动

时代的快速发展，为教育提出新时代的实践命题，如何让德育教育更显生机活力，凸显时代教育特质，符合当代少年的身心发展特点和未来发展需要，是德育工作者需要一直思考的课题。"五育并举"已然成为当代教育的主旋律，我们要注重培育学生具有综合素养能力，特别是创新发展的意识和能力，更好地适应时代趋势，为未来发展蓄力。

培养创新意识和创造能力，要更多地关注新时代教育话题。

架构全员育人网络： 现代教育更注重开放多元，关注建设"全员育人、全过程育人、全方位育人"的教育网络，全面融合各方教育资源和力量，全社会共同助力少年儿童的成长，共同搭建少年儿童锻炼成长的平台。在全员育人的过程中，社会各领域的教育资源为学生的实践提供丰富的舞台，他们的视野会被无限打开，他们的潜能会被更多地激发，他们的智慧火花和创新能力会被更多地点燃。

凸显儿童本位教育： "以生为本"是现代教育的基本要素，我们要更多关注学生发展的需求，呵护他们的想象力和创造力，为他们的个性化全面发展赋能。对学生而言，童趣化、情境化、探索性、科技化，更加容易引起他们求知的兴趣和求索的动力。融合学生的智慧，去开发他们喜爱的新生事物，如校园吉祥物、社区小岗位等，并由此形成系列化教育体系，深入学生内心，以内驱力推动学生自主化管理和发展。

推进项目学习方式： 项目化学习是以学生为本的学习方式，能够让学生自主发现问题、自行组建团队、设计解决方案、解决真实问题、进行成果展示等，是一种新时代的学习方式，有助于提升当代学生的综合素养和能力。项目化学习适用于学生发展的各个领域，也有助于多学科之间的融通融合，打破学科与活动之间的壁垒，架构培育学生面向未来的、解决生活问题的思维模式和行动模式。

第一节 利用校园吉祥物,开展核心价值观教育活动

现代社会高速发展,信息更迭瞬息万变,社会的高度包容性、开放性、信息化、多元化,很容易使人们的世界观、人生观和价值观出现迷茫和偏移,中华民族千百年来传承至今的礼仪传统和文化价值不断受到冲击。为了更好地传承中华礼仪之邦的道德精髓,弘扬中华民族的传统美德和民族气节,2013年12月,中共中央办公厅印发《关于培育和践行社会主义核心价值观的意见》,社会主义核心价值观成为整个社会的道德风尚,也成为每一个社会公民应该具备的道德品质。培育和践行社会主义核心价值观要从小抓起、从学校抓起,对少年儿童进行社会主义核心价值观的培育,是培育未来社会合格建设者和可靠接班人的重要基础。

明珠临港小学创建于2015年3月,学校以"开学敏行,与智慧一起幸福成长"为办学理念,以创办一所"温暖、优雅、有创意的智慧成长乐园"为学校的发展方向,希望通过有温度、重智慧、开放性、未来化的学校文化的培育,全面促进每一个孩子的个性成长,让每一个孩子都能寻找到最适合自己的成长方向,长成优雅、独特、智慧、丰厚的个体。

吉祥物是一种精神的传承和对未来的祈愿,独特的校园吉祥物能够展现校园文化特色,维持校园文化的可视形象,扩展校园文化精神的辐射范围。校园吉祥物常常以卡通形象呈现,更加适合学生的年龄特点,更能成为学生学习成长的好伙伴。明珠临港小学汇集老师、学生和家长的智慧,集思广益反复完善,共同设计了五个校园吉祥物"慧点优乐多",它们成为学校文化理念、办学特色和人文精神的高度凝结与展现,它们代表着学校

的精神，伴随着学校共同发展，是孩子健康成长和进步提高的有益伙伴。它们也是在时代背景下，结合社会主义核心价值观教育而产生的，它们身上的很多精神特质，与社会主义核心价值观中的"爱国、敬业、诚信、友善"极为吻合。

将社会主义核心价值观教育融入学生喜闻乐见的以卡通松鼠为形象的校园吉祥物，通过开展以校园吉祥物为代言的丰富的实践体验活动，可以真正让社会主义核心价值观教育走进孩子的心灵，让他们感受吉祥物身上所蕴含的社会主义核心价值观教育元素，得到全面的引领、熏陶和成长，幸福快乐地全面发展。

一、利用校园吉祥物开展丰富的社会主义核心价值观教育活动

1. 梳理校园吉祥物与社会主义核心价值观的教育融合点

五个校园吉祥物分别是慧慧、点点、优优、乐乐、多多。"慧慧"代表智慧与责任，"优优"代表友善与合作，它们的形象和精神，与"爱国、诚信、友善"的特质不谋而合。"点点"代表创意与创造，"乐乐"代表运动和健康，"多多"代表才艺与特长，这些都是孩子们在漫漫人生路上"智、体、美"的最好诠释，是孩子们幸福成长、品质成长的要素，是"敬业"的象征。

在我们所有以校园吉祥物为媒介开展的教育活动之中，我们都提炼了社会主义核心价值观教育的教育点，从而实现了两者之间的最佳融合。

2. 开展丰富的校园吉祥物宣传教育活动，营造浓郁的社会主义核心价值观教育氛围

通过校园内吉祥物雕塑的落成、专题动画片的展播、校园生活和学习成长中校园吉祥物的宣传和激励机制，形成浓郁的文化氛围，让吉祥物陪伴孩子身边，让社会主义核心价值观教育与孩子时刻相伴。

活动主题	主要活动	核心价值观教育点
校园吉祥物雕像	1. 我做小小讲解员，我来介绍吉祥物 2. 我做小小保管员，定期擦拭清理，教育同学不随意触摸、不破坏	通过讲解和保管，激发学生的主人翁意识和责任感
吉祥物动画片	1. 观摩"吉祥五宝来了"动画片 2. 校园吉祥物诗歌创作	通过观摩，了解吉祥物精神特质。通过诗歌创造，写出自己的理想目标
吉祥物装饰物	1. 校园吉祥物DIY教室装饰展 2. "我最爱的吉祥物"演讲赛	以创意来表达美好愿望，以讲述来畅想美好未来

3. 开展由校园吉祥物代言的主题月活动，深化社会主义核心价值观教育

分别根据五个吉祥物的特点，统筹设计了分别以它们为代言的主题月活动，贯穿整个学年，使校园吉祥物常伴学生身边，使社会主义核心价值观教育始终融合在学生的学习活动之中。

月份	主题月	代言吉祥物	主要活动	核心价值观教育点
9月	学习月	慧慧	1. 爱学习：激发学习兴趣，指导学会学习，开展综合学习活动，如古诗词朗诵活动、英语歌曲表演、机智24点等 2. 学民族精神：国旗下讲话专题、长征主题教育课、观摩《开学第一课》等	帮助孩子喜欢学习、学会学习，鼓励学生拥有成长梦想，了解自己，增强自信心，增加本领 通过专题学习，充分感受民族精神，培育爱国情怀
11月	体育月	乐乐	田径运动会、亲子趣味运动会（会徽的设计制作、每个班级运动会口号设计）等	培养学生的集体意识和合作精神，倡导孩子爱国、爱校。学习强身健体方法和进取合作的团队精神
3月	艺术月	多多	器乐类、声乐类、舞蹈类、书画类、演讲类、戏剧类、绿植创意类等多种类别的比赛	艺术陶冶情操，让孩子们在艺术渲染下形成良好的文艺素养和人文情怀

续 表

月份	主题月	代言吉祥物	主要活动	核心价值观教育点
4月	科技月	点点	车模、船模、飞机模型的制作比赛，创客大赛，机器人PK赛，3D设计制作比赛，特色绿植大赛，创意美工设计大赛	通过形式丰富的创造类活动，让孩子们探索科技，畅想未来，立志从小学好本领，长大建设祖国
5月	友爱月	优优	"我爱我自己、我爱同学、我爱老师、我爱父母、我爱自然"等一系列以"爱"为主题的活动	以"爱"为主题的系列活动，让孩子们学会爱自己、爱他人、爱自然、爱祖国

4. 开展以校园吉祥物为代言的社团活动，深化社会主义核心价值观教育

社团活动的内容非常丰富，其中涵盖了科学、人文、艺术等多方面的人文熏陶、知识储备和能力锤炼，这对于培养学生的特长技能，发展学生的创造精神，提高学生的责任自信等方面都非常重要。我们全校学生，全员分布于以校园吉祥物为代言的四类社团活动中，每周半天在自己喜爱的领域里实践体验。

代言吉祥物	社团课程	活动方式	核心价值观教育点
慧慧（智慧社团）	演讲社、朗诵社、戏剧表演社……	演讲、朗诵和戏剧表演（以"爱国、敬业、诚信、友善"为主题）	弘扬民族情怀，张扬爱国精神，全面践行社会主义核心价值观
点点（创意社团）	创客工坊社、机器人社、结构模型社、增强虚拟社、3D打印社、美工养成社……	未来科技创造活动（以"中国梦、未来梦"为主题）	发扬科学精神，努力开拓创新，为着建设更美好的未来中国而努力
乐乐（阳光社团）	网球社、足球社、太极拳社、桌球社、象棋社……	竞技体育活动 传统武术活动 太极项目活动	发扬"顽强拼搏、合作竞争"的体育精神，强健体魄，沿袭中华传统
多多（才艺社团）	合唱社、舞蹈社、管乐团、书法社……	演唱、舞蹈和书法活动（以"爱国、敬业、诚信、友善"为主题）	多种不同的艺术形式，全面演绎社会主义核心价值观教育

5. 开展以校园吉祥物为原型的优雅少年评比活动，深化社会主义核心价值观教育

优雅少年行动，注重的是通过文明礼仪的养成，让学生形成良好的道德素养，养成良好的行为习惯。

吉祥物原型	活动内容	活动方式	核心价值观教育点
优优	"礼仪优、学习优、岗位优、健康优"和"语言雅、行为雅、环境雅、交往雅"优雅少年每月评比	每月一项主题，每个年级有分层目标，对照指标进行评比，每月评比产生优雅少年	根据学生的年龄特点，分别设定相应的文明礼仪养成的指标，帮助他们逐步形成良好的道德素养和良好的行为习惯，从而规范地要求自己，友善地对待他人，形成爱同学、爱集体、爱学校、爱国家的良好意识
	宣传活动 1. 慧点广播 2. 慧点电视台	慧点广播每周一期，慧点电视台每月一期，分别都开设礼仪专题节目	
	学生道德讲堂	每周一固定栏目，由优雅少年代表讲述	
	慧点一日礼仪口袋书	学生自己撰写礼仪儿歌，自己设计制作口袋书，每周一集体诵读	

6. 进行社会主义核心价值观重点项目培育，全面激扬社会主义核心价值观教育的主旋律

开展以"弘扬中国文化，畅想中国梦"为主旋律的社会主义核心价值观重点项目活动，活动涉及面广，获得非常广泛的社会影响。

项目一：美丽中国无限风情，文化传承少年践行

代言吉祥物	活动项目	活动内容
慧慧	经典诗词我来诵	每天诵一首古诗、介绍一位诗人、诗词吟诵专场比赛
多多	书画艺术我来绘	认识两位书法家和两位画家、完成一幅书法或绘画、书画艺术专场比赛
多多	中国民乐韵味足	画一画你认识的民族乐器并介绍给家人、做一个民族乐器小调查、民乐专场比赛

续 表

代言吉祥物	活动项目	活动内容
点点	传统建筑风味浓	记录有名的经典建筑、做一个建筑小模型、传统建筑专场比赛
优优	民族服饰我来秀	记录五种民族服饰特点、制作一件民族服饰模型、民族服饰专场比赛
点点	民间工艺我来学	一次了解民间工艺的假日小队活动、做一份民间工艺作品、民间工艺专场比赛
多多	中国戏剧我来唱	和家人观看一场喜剧、画一个京剧脸谱、戏剧专场比赛
慧慧	中国饮食我来品	介绍一个中国名菜、学做一个传统名菜、传统饮食专场比赛

项目二:"中华骄傲,魅力中国我知晓"美丽中国文化节

代言吉祥物	场馆名称	活动内容
慧慧	经典诗词馆	诗词吟诵、飞花令
多多	书画艺术馆	书法国画展示、青花扇制作、平板书法体验
多多	中国民乐馆	民乐演奏、民乐知识问答
点点	中国建筑馆	古代建筑模型展示、乐高创意建筑拼搭
优优	民族服饰馆	民族服饰T台秀、民族服饰竞猜
点点	传统工艺馆	皮影戏表演互动、蜜蜡原石加工制作
多多	中国戏曲馆	戏曲表演《女驸马》、京剧学唱、脸谱制作
慧慧	中国美食馆	石磨豆腐体验、茶艺、塌饼等传统食品制作

项目三:中国梦,家乡梦,少年梦——红色传承下的少年向梦之行

代言吉祥物	活动篇章	活动系列	活动内容
慧慧、优优	第一篇章:感受中国梦、传承民族魂	一、红色阅读,重温革命经典故事	每天阅读一篇红色经典故事
			摘录红色故事
			红色经典故事演讲赛

续表

代言吉祥物	活动篇章	活动系列	活动内容
慧慧、优优	第一篇章：感受中国梦、传承民族魂	二、书信传阅，感受习爷爷嘱托	阅读习爷爷的来信
			写一写习爷爷对我们的希望
			"我给习爷爷的一封回信"征文赛
		三、故事学习，了解习爷爷情怀	做一张习爷爷的名片
			写一写习爷爷的故事
			"我的红色故事书"创意制作赛
		四、红色之旅，寻找革命烈士足迹	参观革命博物馆和史料馆
			观看三部革命电影
			红色电影片段配音赛
多多	第二篇章：回味家乡梦，浓郁乡土情	回眸临港，感受精彩过去，放眼璀璨未来	参观临港展示中心
			记录临港发展印象最深刻的故事
			临港景点讲解赛
			未来临港想象绘画赛
点点	第三篇章：放飞少年梦，创意未来行	科技体验，在智能创意中走向未来	参观科普教育基地
			设计一款科技产品
			儿童创客赛
			乐高机器人保龄球赛
			儿童编程赛
			船模制作赛

二、利用校园吉祥物开展社会主义核心价值观教育的意义

（一）卡通形象的校园吉祥物，深受学生喜爱，成为引领孩子成长的导航

我们的学生还处于心智稚嫩、不善于规划未来的孩童阶段，如何让他

们能够对于自己的成长方向有更加明晰的概念，既不空洞，又不概念化，既贴近生活，又走近儿童，我们就需要借助于孩子能够接受和喜爱的方式。我们的校园吉祥物在这样的时候应运而生，灵感来自活泼机灵的小松鼠，以动画松鼠的形象，符合孩子的年龄特点，深受孩子的喜欢，而这些吉祥物身上所蕴含的精神特质和社会主义核心价值观的精神精髓不谋而合，于是，校园吉祥物在各项活动中陪伴着学生，成为他们最喜爱的伙伴，成为带着孩子们不断前行的领航者。

二（7）班的小金同学以一首诗歌表达了对吉祥物的喜爱之情："建筑模型课上，我要裁纸片，点点给我美工刀；我要粘木条，点点给我拿胶水；我要拧螺丝，点点给我螺丝刀；我要卸螺栓，点点给我递扳手。爸爸说：'难道点点是一只工具箱？'才不是呢，点点是一只小松鼠，跟我一样，有两颗大门牙！"孩子对吉祥物点点的喜爱跃然纸上，读来让人不禁莞尔，却又觉得温暖。校园吉祥物，就是在不知不觉中在孩子心目中占据了举足轻重的位置。

（二）丰富的实践体验活动，不仅强化了社会主义核心价值观教育，更提升了学生的全面素养

我们开展了非常丰富的实践体验活动，系列化的主题月活动、丰富的社团活动、分层的优雅少年行动、核心价值观项目活动等，都为学生们不断打开新世界的大门，让学生们用心灵去感受，用大脑去思考，用双手去创造，在校园吉祥物的陪伴下，不断地感悟着、成长着。社会主义核心价值观教育的"爱国、敬业、诚信、友善"等精神元素无时无刻不萦绕在学生们的身边，而学生在非常丰富的活动体系中得到了全面的锤炼，他们的"德智体美劳"全方位得到提升。

三（5）班的小刘同学最喜爱的吉祥物是多多，他说："我和多多一样，也很喜欢才艺表演，比如跳舞和画画。记得暑假期间参加"未来的临港"想象画比赛，我画的是未来我长大了，在街上逛街，街上有许多漂漂亮亮的房子，还有许多高架桥，桥上面有很多小汽车在穿梭。我特别期待我的作品能够得一等奖，结果我真的如愿了。我要做一个像多多一样的学生，做自己喜欢的事情，成为一名优秀的学生。"

（三）通过实践研究，让教师得到全面历练，进一步推动教师德育专业化能力的提高

生动丰富的活动体系，深受学生的喜欢，而老师也通过对这些活动的设计、组织，一步步实现着自己预设的教育目的。在这个过程中，老师和学生一起享受活动过程带给自己的愉悦感和成就感，一起感受活动过程中师生合作、生生合作后取得的一步步成果和成效，师生关系更为和谐、融洽。课题研究的整个过程，也是对教师德育专业化能力的一种历练。社会主义核心价值观教育成为教师日常学习、工作和成长过程中的灵魂和旗帜，促进了教师师德的发展和人格的修养。教师在研究的过程中进行活动方案的设计、活动过程的组织、学生成长的关注、活动效果的反思，他们在德育研究方面的计划能力、设计能力、组织能力、调控能力、总结能力等都得到了非常有效的锻炼，帮助他们在德育专业化的道路上快速成长。

在实践研究过程中，我们的燕子老师作为项目成员，积极投身实践探索中，她结合校园吉祥物慧慧，利用学生家长资源（社会文化活动中心工作人员，有鸟哨资源），借助临港独特的非物质文化遗产项目，组织开展以学习鸟哨知识、建鸟哨特色班的专业化研究之路。于是，她一路过五关斩六将，先后获得浦东新区班主任基本功大赛一等奖、上海市班主任基本功大赛一等奖，并于2018年被光荣评为上海市优秀班主任，成为学校年轻班主任群体的榜样，成为浦东新区班主任群体的一颗新星，更成为明珠临港小学德育工作的一个标杆。

（四）多种实践和多次调整，形成了较为完善的学生评价体系

在全面丰富地利用校园吉祥物开展社会主义核心价值观教育活动之

际,如何对学生进行过程性评价和终结性评价,采用哪些学生喜闻乐见的评价方式和途径,也是我们研究的重要内容,在两年的实践过程中,逐渐取得了以下成果:

1. 多个层面的评价方式

评价主体的不同:学生自评、学生互评、家长评价、教师评价、学校评价。

评价时间的不同:即时评价、过程性评价、终结性评价。

2. 多种形式的评价途径

(1)优雅少年的分层分类评价表:每月针对一个项目,每个年级有递进式达成目标,让学生进行逐项的对照和努力达标,对于每月的"优雅少年"以校园网及微信公众号发布的形式予以表彰。

(2)《摘星手册》的追踪性评价:我们编撰了《慧点优乐多摘星手册》的低年级版和中高年级版,分别以"争章"和"摘星"的方式,对学生在智慧、创造、友善、健康和才艺方面进行过程性评价。"星"和"章"都是校园吉祥物形象,记录着孩子们的全面成长。

(3)"慧点成长奖"的每学期表彰:结合《慧点优乐多摘星手册》中的摘星情况、主题月活动获奖情况、优雅少年获奖情况等过程性指标,每学期对学生进行综合评估,开展对"智慧小博士、小小工程师、优雅美少年、健康小能手、才艺智多星"的表彰,对于全面发展的学生授予"慧点成长奖"的最高荣誉。

3. 趣味盎然的颁奖方式

优雅少年的网络推广、《慧点优乐多摘星手册》"智慧星"和"智慧章"等颁章仪式、"智慧小博士"等特色化证书、"慧点成长奖"的证书、3D打印的校园吉祥物、优雅示范班级的特色奖杯、学校宣传屏播放展示、展览厅专题展览、专场演出等。

(五)以校园吉祥物为主线,逐渐构建起学生喜欢的课程文化体系

在我们利用校园吉祥物进行的社会主义核心价值观教育的主题活动

中，无论是五个主题月的设计、四类社团课的统筹安排、优雅少年的逐层推进，还是三个品牌项目的创建，都有非常全面的考虑，配套非常详尽的方案，具有全局视野和可操作性、可借鉴性，这些都是进行社会主义核心价值观教育的最有效的途径，是学校实践研究的智慧结晶，也是学校德育课程中的重要内容。

在利用校园吉祥物进行社会主义核心价值观教育研究的同时，我们发现组织和开展的系列活动已经逐渐地呈现出更加丰厚的课程特质。于是我们从儿童性和趣味性出发，对课题研究过程中衍生的各类课程资源进行全面整合和整体架构，围绕校园吉祥物的文化特质，设计了"我们走向未来·慧点优乐多"5C校本化课程，建构学校课程框架，建设学生喜欢的课程文化体系。"5C"来源于五个校园吉祥物慧、点、优、乐、多的英文单词：慧（Cleverness）、点（Creation）、优（Collaboration）、乐（Campaign）、多（Capability）。校本课程的科目设置，对应"智慧学习、科学探究、人文行走、健康生活、艺术才能"，分别包含丰富的主要课程，如"智慧学习"板块的课程有：智慧数学、智慧英语；美丽中国、精彩世界、迷人海洋；项目化学习、主题教育、社群融合等课程。这些课程主要目标定位于让学生学会学习，强化责任担当。

围绕校园吉祥物建设学生喜欢的课程文化，更加全面系统地构建校本课程体系，也是让学生真正在社会主义核心价值观教育的浸染下帮助他们以更优的自己走向更好的未来的体系保障。

三、利用校园吉祥物开展社会主义核心价值观教育活动的思考

1. 开展社会主义核心价值观教育一定要选择学生喜欢的形式和内容

社会主义核心价值观是对全体公民的一种道德引领，面向的是大众层面，"爱国、敬业、诚信、友善"的个人层面价值观，大人容易理解，对小学生而言就显得比较抽象，难以真正理解。但是社会主义核心价值观又必须从娃娃

抓起,"少年如天成,习惯成自然",唯有从小为他们树立是非观念,给予正确的价值引领,才能让学生从文明知礼的小学生成长为文明守法的好公民。

对于小学生的社会主义核心价值观教育一定要符合学生的年龄特点,选择他们喜欢的形式和内容,让他们乐于接受,组织孩子喜欢的活动,让他们在活动的体验中生成对社会主义核心价值观内容的内化理解,也许这样的理解会比较浅显,但是随着不断积累,他们会对核心价值观的认识逐渐深入和明晰。我们采用的校园吉祥物形式,以卡通小松鼠的形象深入孩子的心,组织的各类形式活泼的活动,也受到孩子们的普遍欢迎,这就是课题能够真正深入开展的基础之所在。

2. 开展社会主义核心价值观教育应融入教育教学全过程,成为学校文化的血脉来源

社会主义核心价值观的内涵非常丰富,虽然在公民个人层面只是四个词:爱国、敬业、诚信、友善,但其实这是一种高度的凝练,它包含着广域的价值内涵,甚至涵盖我们日常学习生活的所有细节,所以,它不仅是一种德育上的专题教育,更应该是全面融入学校教育教学的全过程。

我们学校利用校园吉祥物开展社会主义核心价值观,虽然选取的是主题月活动、社团活动等一些具体的活动课程在落实,但其实在学校的所有主题活动和主题文化中都进行着渗透和延伸。如课堂教学主渠道上的渗透、"人人是德育工作者"的强化、家长学校的浸染等,所有的工作和活动中,都可以看到爱国爱乡情怀、敬业爱学态度、友爱团结互助等精神特质的闪光。在"温暖、优雅、有创意的智慧成长乐园"的办学目标中,我们也看到了与社会主义核心价值观十分契合的智慧、有爱、友善、创新等的价值追求。社会主义核心价值观,是学校文化的血脉来源,是新时代对公民塑造、学校办学的精神导向。

3. 社会主义核心价值观的培育和践行,是一项长期育人目标,要不断传承,更要不断创新

我们通过教育点的梳理、框架的设计、活动的落实、经验的积累等,

最终收获了极为丰硕的成果。我们的学生在良好文明礼仪养成的同时获得了个体的全面发展，我们的老师在课题研究的过程中自我素养得到提升，不断走向专业化成长，我们的学校获得了很多的荣誉，实现了一所新校的跨越式发展，所有种种，都让我们看到社会主义核心价值观教育工作的重要意义和重要价值。

　　我们会以此为起点，不断地强化内涵，不断地扩大外延，把它作为一项最为重要的长期育人目标，进行坚持和传承。同时，我们要结合时代的要求和学校发展的实际，不断进行改革创新，让社会主义核心价值观教育在不断的创新发展中绽放新的华彩。

第二节 利用校园吉祥物，构建多元德育活动课程体系

《中共中央 国务院关于深化教育教学改革全面提高义务教育质量的意见》提出："坚持德育为先，教育引导学生爱党爱国爱人民爱社会主义；坚持全面发展，为学生终身发展奠基；坚持面向全体，办好每所学校、教好每名学生；坚持知行合一，让学生成为生活和学习的主人。"

德育为先，贵在持之以恒，贵在贴近学生，让德育改变原先的单行模式，实现德育与智育、体育、美育、劳育的融合，实现"大德育"概念的融通，体现德育的全面化、浸润性、全员性，就必须落实德育活动的课程化建设，构建符合学生成长和学校发展特点的德育活动课程体系。

明珠临港小学以创办一所"温暖、优雅、有创意的智慧成长乐园"为学校的发展方向，希望通过有温度、开放性、未来化的学校文化的培育，促进学生以德行发展引领全面发展，长成优雅、独特、丰厚的个体。学校以校园吉祥物为突破口，融合构建丰富、多元、系列化的德育活动课程体系，全面构建和谐的、生动的、具有人性化氛围的育人空间，从而使道德成长和全面发展成为一种自然而然的、潜移默化的养成过程。

一、凝聚集体智慧，设计校园吉祥物，德育活动课程架构有铺垫

吉祥物是一种精神的传承和对未来的祈愿，独特的校园吉祥物能够展现校园文化特色，维持校园文化的可视形象，扩展校园文化精神的辐射范围，校园吉祥物常常以卡通形象呈现，更加适合学生的年龄特点，更能成为学生学习成长的好伙伴。

很多学校会以吉祥物作为学校精神的一种宣传窗口。如清华大学在百年校庆的时候，产生了吉祥物"菁菁"和"小华"。吉祥物"菁菁"以代表着创造的红色为主色调，象征微笑奉献的清华女生；"小华"以智慧的蓝色为主色调，象征热情阳光的清华男生。吉祥物表情丰富，色彩鲜明，造型活泼可爱，充分展现清华大学生的风采。

明珠临港小学汇集老师、学生和家长的智慧，特别是契合小学生的年龄特点，结合临港地区自然生态环境好、野生动物多及临港"科技未来城"的城市形象，选取了孩子们喜欢而又聪明活泼的小动物松鼠为原型，以卡通形象予以设计和呈现。集思广益反复完善，共同设计了五个校园吉祥物"慧点优乐多"，它们成为学校文化理念、人文精神和育人目标的高度凝结与展现。

五个校园吉祥物分别是慧慧、点点、优优、乐乐、多多。"慧慧"代表智慧与责任，"点点"代表创意与创造，"优优"代表友善与合作，"乐乐"代表运动和健康，"多多"代表才艺与特长。学校在花园内错落安放五个校园吉祥物的雕像，在校园的各个角落处处可见吉祥物元素：文明礼仪标语上的插图、班级文化墙的主角、学校重大活动上的吉祥物玩偶……校园吉祥物成为学生校园生活中的亲密伙伴、学习成长中的良师益友。

二、结合吉祥物特质，落实分层目标，德育活动课程目标具体化

德育活动课程的构建，不仅要结合学校的实际，更要贴近学生的需求，还需要挖掘教育资源，从而使课程体系更加饱满丰厚且具有科学性。结合五个校园吉祥物，我们将德育目标进行细化和梳理，初步设定符合学生特征和吉祥物特质的学校德育活动课程目标。

吉祥物系列	课程名称	低年级培育目标	中高年级培育目标
慧慧系列	美丽中国	初步了解中国的历史和现状，形成爱国爱党的情怀	感受中国传统文化和辉煌历史，增强民族自信心和自豪感
	精彩世界	初步了解世界上的其他国家，感受世界和平的意义	感受当前世界格局，有一定的世界眼光，参与友好交流活动并感受世界友谊
点点系列	迷人海洋	初步了解海洋生物和中国航海历史，感受保护海洋的重要性	学习海洋知识和中国辉煌航海历史，树立"以海强国"志向
	绚丽太空	初步了解简单天文知识，对神奇太空世界充满好奇和向往	学习天文科学知识，参与探秘太空活动，增强科学精神和探究能力
优优系列	优雅行动	知晓基本的生活和学习礼仪，形成一定的好习惯，文明言行	有良好的学习和生活习惯，优雅知礼，处处发扬文明风范
	劳动践行	知晓劳动的重要性，能进行一些简单的日常劳动	有一定的生活劳动技能，明确劳动价值，有主动劳动奉献精神
乐乐系列	快乐防疫	知晓防疫的简单常识，学会自我保护	熟知科学防疫知识，心理阳光，珍爱生命
	阳光运动	积极参与体育运动，身心健康	有体育爱好或特长，意志坚强，阳光健康
多多系列	四叶草行动	初步感受艺术类活动，敢于参与，大方展示	有自己的艺术类爱好或特长，有艺术审美能力和展示能力
	少儿媒体人	初步了解媒体人特点，感受媒体发声传达正能量的重要性	积极参与少儿媒体人实践，能展示当代少儿媒体人风采，以当代少年身份传递中国声音

三、充分融合资源，搭建丰富平台，德育活动课程内容系列化

德育活动课程内容须基于儿童立场，以学生喜闻乐见的活动内容和活动形式，从而真正走进学生的内心，真正为学生德行养成、全面发展服务。同时又必须结合学校实际情况，充分挖掘和融合各种可利用教育资源，打造"有血有肉、活泼生动"的课程内容体系。我们从校园吉祥物的五种特

质、十个系列入手,构建了系列化德育活动内容。

(一)"慧慧看世界"系列课程——美丽中国+精彩世界

1. "美丽中国"主题课程——厚植爱国情怀

(1) 建设八大场馆,弘扬中华文化

建设"经典诗词馆、书画艺术馆、传统工艺馆、民族乐器馆、民族服饰馆、中国戏曲馆、中国建筑馆、中国美食馆"八个场馆,以"美丽中国文化节"的形式,进行八个展馆内的中华传统文化的实践传承活动,让全校师生在场馆体验活动中,感受中华"熠熠生辉的经典诗词、妙手匠心的传统工艺、妙笔生花的中国书画、悠远绵长的民族乐器、饕餮丰富的中国美食、唱腔浓郁的中国戏曲、经典凝固的中国建筑和风情万种的民族服饰",让学生体味精彩丰富、源远流长的中华传统文化。

(2) 红色传承下的少年向梦之旅

"少年向梦之旅"共有"感受中国梦、传承民族魂""回味家乡梦,浓郁乡土情""放飞少年梦,创意未来行"三个主题系列活动。通过红色经典阅读和红色之旅活动,让学生回顾峥嵘历史,增强历史自豪感,并畅想最美中国梦。通过参观临港展示中心和讲述临港发展故事,展望"临港新片区"辉煌未来,增强家乡荣誉感,编织美好家乡梦。通过参观科普基地、创客和编程比赛等,感受科技的力量,并憧憬自己的美好未来之梦。

(3) 心动上海——穿越历史与未来的遇见

开展"脉动上海——寻觅历史中的上海、联动上海——感受国际化的上海、悦动上海——体验最热度的上海、感动上海——感受最温暖的上海、灵动上海——憧憬最家乡的上海"五个系列活动,让学生走访红色基地感受上海红色历史,了解上海友好城市感受国际友谊,游览著名景点感受上海活力,讲述抗疫故事感受上海温情,了解临港发展展望新片区美好前景等。通过系列活动的实践参与,让学生了解上海的过去、现在,展望未来,为我们的家乡上海而心动沉迷。

2."精彩世界"主题课程——培育世界眼光

（1）建设小小联合国，感受多国异域风情

开设"国际文化节"，以建设小小联合国的方式，每个班级一个国家主题，进行国家元素环境布置、特色美食品鉴、特色服装展示、特色歌舞展示等等。学校还特别邀请上海海洋大学外语学院的外国留学生朋友们加入活动，让他们展示纯正的异国歌曲舞蹈等。

（2）尝试小小外交官，缔结"一带一路"友好国家

开展小小外交官活动，让孩子们以小外交官的身份，以中文和英文两种语言介绍中国开展"一带一路"合作的友好国家，并和小记者进行友好互动，解答一些在各国缔结友谊过程中的历史事件和世界现实问题，以少年的眼光看当今世界格局，传递友好合作、互助共赢的国家意识观念。

（3）结对友好学校，开展国外游学实践

学校与两个异国学校结对成为国际友好学校，组织部分学生进行国外游学实践。这两所学校分别是：美国洛杉矶圣约翰路德学校和英国伦敦公路小学。学校已经组织第一批师生团33人前往美国圣约翰路德学校，深入美国学校进行浸润式学习体验交流，与美国的学校和学生缔结了深厚的友谊。英国伦敦公路小学的行程也即将开启。与英美两国学校的友好互动，将是学校德育国际化活动课程的重要内容。

（二）"点点有奇想"系列课程——迷人海洋+绚丽太空

1."迷人海洋"主题课程——体味海洋风情

（1）走进海昌公园，与海洋生物的亲密接触

以项目化德育活动的形式，至今已经和上海海昌海洋公园合作完成了水母项目和海豚项目等系列活动。在水母项目中，学生走进后场，为水母喂食、清理水母饲养缸、进行水质检测等。在海豚项目中，学习海豚驯养手势、为海豚喂食、为海豚测量体温等。精彩生动的项目，让孩子们爱上海洋生物，更萌生了爱护海洋生物、人与自然和谐共处的美好

愿望。

（2）走进航海博物馆，深入学习航海历史

以项目化德育活动的形式，走进中国航海博物馆，学习辉煌的中国航海历史，知道守住海岸线才能保护好国家。开展"小小航海家、探秘福船、海上营救"等项目学习活动，让学生学习一些简单的航海知识和技能，强化"海洋强国"理念。

2."绚丽太空"主题课程——探秘神秘太空

（1）走进上海天文馆，寻觅最美太空故事

上海天文馆是世界规模最大的天文馆，学校积极与天文馆联系，组织开展"家园、宇宙、征程"三个系列德育实践体验活动，从而感受太空魅力，寻觅太空中最美的传说和故事。

（2）走进观海公园，瞭望最美最近的星空

南汇嘴观海公园在上海东南角，那里是追逐日出和瞭望星空最近的地方，学校在天文馆系统学习天文知识之后，组织一支"星空小队"，支起望远镜，迎着温柔的海风，瞭望最美的星空，认识空中最美的星辰。

（三）"优优优雅行"系列课程——优雅行动+劳动践行

1."优雅行动"主题课程——点点滴滴夯实文明礼仪

（1）每月优雅之星，细化礼仪先进引领

每月设定优雅主题，分别推进"礼仪优、学习优、岗位优、健康优"和"语言雅、行为雅、环境雅、交往雅"，评选每月"优雅之星"，进行表彰鼓励和学校公众号宣传辐射，以细致化的行为准则导向，引领学生在八个方面循序渐进地养成良好行为礼仪。

（2）小眼睛看行规，自主管理内化提升

吉祥物优优化身为学校的摄影小记者，摄下同学们的校园动态，其中有优雅美好的身影，自然也有一些不太和谐的画面。于是，不定期的"小眼睛看行规"行动根据孩子行为规范中出现的问题进行及时的重点纠正，让孩子们通过正反对比和交流思辨，感受到行为规范养成中各种细节的重要性，对孩子的行为习惯给予最直观的行为导向。

（3）"一日礼仪口袋书"，自编自诵悠然入心

号召学生以进校、升旗、午餐等为主要内容进行礼仪儿歌的创作，选取最佳素材整理为文字版本，学生自己设计制作风格各异的《慧点一日礼仪口袋书》，在每周一的行规主题晨会上，进行集体吟诵，声声入耳，悠悠入心。

2."劳动践行"主题课程——用劳动来塑造美

（1）家校共编"小家务手册"，实践小鬼当家

组织家长志愿者和劳动项目组老师，共同编撰《慧点小家务手册》，结合学生的年龄特点，分层设计小家务清单和任务单，从"自理能力、洗衣拖地、协助做饭、房间整理、家庭活动策划"等方面设立细化指标，从"劳动内容、劳动标准、综合评定"等方面进行记录和评价，实践"一日做一项家务，一周当一次家"，家校合作共同促进学生基本生活能力和家务劳动能力的提升。

（2）设立班级小岗位，实行轮流劳动责任制，合作管理班级

结合班级的实际情况，班主任与学生协商形成特色化班级小岗位，以轮流劳动责任制的形式，进行岗位的轮值承包，一方面让学生感受每个劳动岗位的职责和要求，一方面互相合作交流共同促进岗位任务的较好完成。学生自主管理班级，自主分配任务，在促进劳动能力提升之际，更提高了班级的凝聚力。

（3）结合地域资源，建设"走进临港新片区"现代劳动教育课程

紧随临港新片区发展步伐，选取"航海博物馆、海昌公园、海事大学、科大讯飞"等场馆基地，开设"小小航海家、水母饲养员、智慧梦想家"等系列劳动体验课程，努力培育学生具有现代劳动意识、智慧劳动技能、未来劳动眼光。

（四）"乐乐快乐多"系列课程——快乐防疫+阳光运动

1. "快乐防疫"主题课程——增强防疫技能，打造健康生活

（1）开设"防疫小课堂"，让学生自己讲授防疫知识

让学生自荐当小老师，收集各种材料制作上课课件，每周二中午"防疫小课堂"开课，主要包括家庭防疫、校园防疫、公共场所防疫等内容。学生通过自己的解读和讲解，以儿童的视角来讲述防疫，提高学生群体防疫知识和技能。

（2）开展"防疫小卫士"行动，校园防疫让学生参与管理

设立"防疫工作岗"，如晨检岗、课间岗、午餐巡视岗、洗手如厕岗等，严格以防疫标准落实标准要求，招募"防疫小卫士"参与校园防疫管理。

（3）落实"儿童成长指导中心"，呵护学生身心健康发展

持续落实团支部"儿童成长指导中心"项目，年轻团员教师担任"成长导师"，结对班级进行个性化的全面成长指导服务，帮助班级内学生正确面对和处理成长中在学业焦虑、性格缺陷、人际交往、亲子情感等方面的问题，以"集体辅导+个体帮扶"的形式，帮助学生解决成长中的困惑，实现健康快乐成长。

2. "阳光运动"主题课程——强健身体素质，畅享阳光生活

（1）滴水湖环湖健康跑，让跑步邂逅新年第一缕阳光

每一年的元旦清晨，部分学校教师、家长和学生会参与由临港新片区组织的"滴水湖迎新健康跑"活动，在长达7千米的环湖跑之后，到达南汇嘴观海公园迎接新年的第一缕阳光。在经历严冬寒冷和长途跑步的历练后，带着希望和憧憬迎接新的一年。

（2）开设绿茵小社团，让校园里到处是跃动的身影

学校开设了高尔夫球、棒球、足球、啦啦操等运动小社团，邀请专业教练进行培训指导，不仅学校的绿茵场上都是活跃的身影，还组织学生前

往滨海高尔夫球场等场馆体验专业体育氛围。

(五)"多多秀才艺"系列课程——四叶草行动+少儿媒体人

1."四叶草行动"主题课程——让艺术点亮孩子的整个人生

(1) 开创"慧点剧场",培养跨学科综合素养

"慧点剧场"是学校引进的跨学科整合德育活动课程,它融合建筑、音乐、语文等跨学科元素,让学生在统整思维引领下进行场景构思、细节打造、整体布局,从而实现综合素养的养成。

(2) 开展"打开一扇窗,我们看世界"戏剧节迎新

每年元旦迎新,戏剧节"打开一扇窗,我们看世界"隆重上演,学生们自己寻找故事素材,自己准备道具,自己编排故事,偶尔也会有家长客串。戏剧节上,学生是主角,学生是观众,学生用自己的演绎展示孩子们眼中心中的美好世界。

2."少儿媒体人"主题课程——以少年身份传递中国声音

(1) 媒体基地寻访,感受媒体发声

学校"少儿媒体人"团队寻访浦东电视台、浦东电台等,感受当代媒体专业场馆和媒体工作流程等,在参观学习、节目旁听、互动交流中感受当代媒体人的专业素养及媒体代表主流舆论发声的重要性。

(2) 开播"慧点电视台",让小小媒体人传递中国声音

开播校园"慧点电视台",开设"校园新闻、焦点访谈、中国内外"等电视栏目,让小小媒体人不仅传达校园信息,更把视角延伸到社会,把对于国家和世界的少儿理解传递给更多学生,让学生从小感受媒体正能量。

四、丰富活动实践,面向不同群体,德育活动课程形式灵活化

德育活动课程的开展,须考虑多种因素,努力实现德育效果的最大化,让德育真正能润及每一个学生,帮助学生形成完整的个人,培育较为

全面的道德素养和综合能力。

（一）普适性与特长性相结合，促进全体发展与个体发展

学校德育活动课程丰富，涉及与"慧点优乐多"五种特质相融合的多种素养和能力的培养，要充分利用好课程资源，设置不同的活动实践内容，让这些课程惠及每一个孩子。比如在开展"美丽中国"之"八大场馆"活动时，我们专门组织"美丽中国文化月"活动，以班级为单位，带着全体学生轮流走进每一个中华传统文化场馆，让全体学生都能在装修精美、风情浓郁的场馆中感受中华诗词、服饰、戏曲等的无限魅力，在全体学生的心中都能播下从小传承经典文化的种子。

在进行普适性德育熏陶的同时，我们也努力培育各具风采各有所长的学生，挖掘潜能、展示风采、拓展特长。学校以德育项目活动课程的形式，组织一些有部分爱好或特长的学生，参加更有深度的德育实践活动，从而帮助这些学生张扬特色、凸显个人能力。比如我们少儿媒体人项目就以面向具有媒体人潜质和意愿的学生开展，让他们与央视少儿频道导演面对面交流，感受媒体人的心路心语，让他们参观浦东电视台和浦东电台，走进记者的日常工作，等等。通过学习和历练，我们的少儿媒体人素质不断提升，大方自信、语言流畅、讲解到位，呈现了良好的媒体人气质。在这群小小媒体人当中，出现了上海少儿春晚主持人小毛同学，也出现了浦东新区"雏鹰杯"红领巾说新闻总决赛一等奖获得者小王同学。

（二）校内渗透与校外延伸相结合，利用各种资源活化活动形式

打造校内德育工作主阵地，并充分利用校外资源进行丰厚和延伸，使整个德育活动课程体系更加丰富、饱满、多元、细腻。

1.充分利用好校内的每一个空间，让空间能说话能感染

小学生喜欢直观形象，如何让空间能说话、能自然而然地感染学生，就需要我们德育实践活动课程元素直接呈现在孩子们的面前。比如学校

结合"美丽中国"主题，将校园吉祥物作为人物主角创编进入"孔融让梨""愚公移山"等经典故事画面中，成为学校教学楼墙绘画。比如利用书法教室打造成"中华书画馆"，利用乐器室打造成"民族乐器馆"，利用图书馆打造成"经典诗词馆"等，充分利用原有学校场馆资源，加以一定的修饰美化，便成为德育活动课程最好的代言空间。

2. 充分利用好校内课程和人力资源，让活动生动活泼随处可见

人人皆是德育工作者，处处皆是德育活动地，我们充分利用校内的课程资源和人力资源，结合学校的学科课程资源、社团课程资源，利用学校各种特色特长老师资源，不断实现德育活动课程在校内的全面铺开和全面渗透，时时处处生动活泼，时时处处教育感染。比如"优雅之星"的评比，就需要全体老师结合日常学习活动对学生进行评价，指导和督促学生成长。比如绿茵小社团和慧点剧场，由我们的体育老师和美术老师主打，在日常的课上进行渗透、在社团课上进行强化。我们还招募了大批青年团员志愿者教师，担任"儿童成长指导中心"的"成长导师"，在日常的每时每刻都关注着学生的全面成长，交流、合作、共玩，每一个师生互爱的瞬间，都是最生动的滋润学生健康成长的时分。

3. 充分利用好社区场馆和人力资源，让活动焕发深层智慧光芒

学校地处临港新片区，随着新片区快速的发展变化，学校周边的各类可以利用的德育活动场馆也越来越多，成为学校组织开展系列德育活动课程的最好阵地。学校现已经和海昌公园、航海博物馆、海洋大学等多个场馆大学等达成了合作协议，他们向我们的学生打开大门，甚至开放平时不开放的场所，让学生进行深层实践探索。比如海昌公园在接待我们的学生项目活动时，不仅开放游览区域，更开放了海洋动物养殖后场，让学生体验给水母喂食、为海豚体检等项目，培育了学生的科学精神和职业意识。我们也有大批的高知家长、专家家长等，他们支持学校工作，进校讲课、协助编写课程、带领学生外出体验等，把更专业的知识以儿童化的方式带给了我们的学生，让学生沐浴着各个专业领域知识的阳光。

五、编辑《慧点优乐多摘星手册》，德育活动课程评价科学化

科学化构建评价体系，以多种形式进行评价鼓励，是进行德育活动课程实效检验的最重要方式。评价需要有载体、有方法、有对象，多方综合实施，才能实现评价的合理化、科学化。

根据"慧点优乐多"活动课程体系，结合学校学科教学、其他各类实践活动等，我们编撰了《慧点优乐多摘星手册》，全方位对学生的道德素养和全面能力养成进行科学评价。

手册有低年级和中高年级两个版本，每个版本都是五个系列，分别对应学校德育活动课程的五个系列，分别是：智慧与责任——我摘智慧星；创意与创造——我摘创造星；友善与合作——我摘友善星；健康与运动——我摘健康星；才艺与特长——我摘才艺星。

在每个系列中，都会有以下主要内容进行全面梳理和评价，以低年级"乐乐"系列课程评价内容为例，主要包括以下内容：

1. "健康与运动——我摘健康星"之开卷寄语
2. 健康奖章达标要求、健康星达标要求、健康小能手达标要求
3. 我的达标收获（粘贴收获的健康奖章和健康星）
4. 小展示：我最喜爱的一项运动（粘贴运动照片）
5. 小分享：你能帮助爸爸妈妈做什么家务？（粘贴家务照片）

清晰的指标呈现，显性的达成记录（粘贴健康奖章和健康星），活泼的收获分享，以及贯穿学生整个学习和生活的过程性评价，又以印有吉祥物乐乐形象的健康奖章和健康星来展示学生的进步收获，递进的达标方式和活泼的评价方式，让学生爱上这本《慧点优乐多摘星手册》，不断地去争章夺星来实现自己的蜕变和发展。

结合手册，进行各类"章"和"星"的颁发，这是一种最常规的评价方式。我们还通过每月优雅少年评比后进行先进典型合影并通过学校微信公众号发布，每学年进行"智慧小博士、小小工程师、优雅美少年、健康

小能手、才艺智多星"的评比,学校网站平台上"每周一句"的即时点评等多种评价方式,对学生的单项表现或综合表现进行评价。

如何颁奖,才能更加激发学生的兴趣,让学生产生渴望,从而产生更多的动力和能量?我们选择了更适合孩子的形式。

传统型颁奖方式:颁发奖状、证书,校园网公布,微信公众号发布等。

趣味型颁奖方式:达到一定"星"数,以"扭蛋机"和"大转盘"等游戏形式,获得自己的小奖励(文具、小礼品、DIY材料包等)。

高端型颁奖方式:单项优异者,颁发单项"吉祥物徽章",如"智慧小博士"等。全面发展优异,颁发学校3D技术打印"校园吉祥物小塑像"作为奖励。

整本手册,以卡通的画面、鲜亮的色彩、丰富的内容、全面的指标、趣味的颁奖,记录下孩子整个成长历程中的点滴收获,以趣味性、阶梯式、层次性吸引学生不断朝着更高的目标前进。

六、依托吉祥物构建的德育实践活动课程带给我们的收获和反思

(一)校园吉祥物成为一种精神引领,正向引导学生成长

我们的学生还处于心智稚嫩、不善于规划未来的孩童阶段,如何让他们能够对于自己的成长方向有更加明晰的概念,既不空洞,又不概念化,既贴近生活,又走近儿童,我们就需要借助于孩子能够喜爱和接受的方式。我们的校园吉祥物灵感来自活泼机灵的小松鼠,以动画松鼠的形象,符合孩子的年龄特点,深受孩子的喜欢,"慧点优乐多"五个吉祥物身上所蕴含的精神特质,成为学生努力学习成长的方向,于是,他们在丰富的德育实践活动课程中学习、感悟、锻炼、成长,向着自己想要的成长方向不断蜕变。

(二)丰富多元的德育实践活动课程,真正促进了学生的全面发展

我们努力让德育实践活动课程贴近学生,为学生的全面发展和综合能

力提升服务。从儿童性和趣味性出发，围绕校园吉祥物的文化特质，充分挖掘校园教育元素，充分挖掘利用校外教育资源，构建了丰富多元、内涵深厚的课程体系，形成了学生喜闻乐见的活动内容。这些课程涵盖的内容非常广泛，从"慧慧看世界、点点有奇想、优优优雅行、乐乐快乐多、多多秀才艺"等方面进行了全面的考虑和设定，落实了优质的教师资源，也落实了丰厚的课程材料和场地资源，主要目标定位于让学生全面锻炼能力、夯实核心素养。围绕校园吉祥物建设学生喜欢的德育课程文化，更加全面系统地架构德育实践活动，也是让学生真正在校园吉祥物的陪伴下帮助他们以更优的自己走向更好的未来的体系保障。

（三）科学系列的德育实践活动课程，让"五育并举"真实落地

《中共中央 国务院关于深化教育教学改革全面提高义务教育质量的意见》提出："坚持'五育'并举，全面发展素质教育。要突出德育实效、提升智育水平、强化体育锻炼、增强美育熏陶、加强劳动教育。"如何真正实现"五育并举"，让德育和其他几育融会贯通，形成整体育人模式，是当前学校教育的重要课题。依托于学校校园吉祥物而构建的德育实践活动课程很好地解决了整个难题，"慧点优乐多"的精神特质与"五育"不谋而合，通过吉祥物引领的五大系列德育实践活动实现了"五育"在"德育实践活动课程"中的整合，成为一个系统的"大德育课程"体系，全面落实国家教育部门"全面发展素质教育"要求。通过整体构建，实现多元发展，为"培养德智体美劳全面发展的社会主义建设者和接班人"提供了更多可能。

第三节 基于项目化学习，开展特色德育实践活动

2019年7月，中共中央、国务院印发《关于深化教育教学改革全面提高义务教育质量的意见》，提出："坚持德育为先，教育引导学生爱党爱国爱人民爱社会主义；坚持全面发展，为学生终身发展奠基；坚持面向全体，办好每所学校、教好每名学生；坚持知行合一，让学生成为生活和学习的主人。"德育实践活动，是进行立德树人、培育全面发展的社会主义合格建设者和接班人的重要载体。

德育实践活动注重道德认知与道德实践的紧密结合，通过少年儿童积极的认识、体验与践行，使其具备一定的道德品质和道德素养，从而形成良好的道德实践行为。

项目化学习，是以解决真实问题为目标，以团队合作的方式，借助多种资源开展探究活动，并在一定时间内解决一系列相互关联着的问题的一种探究性学习模式。项目化学习具有如下特点：小组协作是主要形式；体现知识统整，融合真实的生活情境；以学生为中心，重视学生高阶思维及综合能力的培养；最终成果是学生自己设计或创作的作品。

项目化学习所具有的实践性、综合性、多元性、合作性特点，为德育实践活动的深入持续开展，从而促进学生的道德认知和全面发展起到非常重要的拓展和延伸作用。通过构建跨学科的学习方式，不仅能促进学生的智育发展，还能对学生的德育发展起潜移默化的作用。基于项目化学习开展德育实践活动，是对德育实践活动的一种改革创新，能更好地促进学生的道德养成、能力锤炼、探究创新等综合素养和能力的发展，从而真正实现"为学生的终身发展奠基"。

一、注重活动的构架，以项目化学习方式深化德育实践活动的内涵

德育实践活动是用以提高学生道德素养的、有组织有规划的学校集体活动。在小学阶段，德育实践活动的形式和内容很多，按内容有感恩教育活动、民族精神教育活动、安全教育活动等，按形式有社会实践活动、主题教育活动、职业体验活动等。

在日常的德育实践活动过程中，我们更注重的是学生的道德意识提升和道德素养养成，往往比较容易忽视结合学生其他各项综合素养能力的提升。而项目化学习的结合，则让我们对传统的德育实践活动进行重组、拓展和延伸，可以通过不一样的活动的构架，来实现德育实践活动对学生更深层次的全面能力的培养和塑造。

（一）开放引领，以学生生成性问题为活动主题

日常的德育实践活动，我们通常采用比较鲜明的教育主题作为德育教育活动的目标和方向。比如安全教育周的"安全在我心中"主题，"牢记历史，勿忘国耻"的革命传统教育主题，"壮丽七十年，献礼新时代"的爱国主义教育主题等，都以非常明确的教育主题词的呈现来引导整个德育实践活动的开展。

以项目化学习方式开展的德育实践活动，不以这样明确的主题引领，而是通过让学生对实践活动提出自己的一些问题和想法，并选择自己最感兴趣的问题，开展实践探索和研究的方式来获得道德情感的熏陶和实践能力的提升。

例如我们以项目化学习的方式融入学校的植树节活动中，设计了与以往完全不同的植树节活动方案，让学生以"解决一个开放性的问题"的方式，来进行植树节的学习和体验。低年级学生通过交流和讨论，确立了"假如你是小小植物学家，你会向同伴介绍什么植物？"的研究主题。而高年级学生确立的主题是"如何为校园添绿"。在确立了这些主题之后，学

生们就针对不同的主题,开展不同形式的德育实践活动。

这些开放式问题都来源于学生,是他们想了解的方向,想解答这些问题,也需要开展相应的很多活动,但他们乐在其中,也积极投身其中,真正地让他们循着自己想学的方向不断学习和发现。

(二)自主自动,以小组形式开展实践体验

以项目化学习方式开展的德育实践活动,最重要的特征就是完全以学生为主导,突出学生的主体性作用,真正体现"以生为本"思想,最主要的活动形式则是学生之间的小组合作与分工。

例如低年级学生在确立"你会向同伴介绍什么植物"的植树节主题后,开展了以下活动:自由组合,组建六人小组,为小组起名;开展调查研究,寻找适合家乡临港生长的植物,并通过各种方式收集该种植物的资料:植物名称、形态特征、花和果实、主要价值等;以思维导图的形式将整个项目化学习的成果进行分享……在整个过程中,孩子们自己循着开放性问题去形成团队、设计方案、收集资料、成果汇报等,他们学会了如何合作、如何进行开放性设计、如何获取资源、如何进行自信展示等,这些活动内容及学生所获得的情感体验和综合能力的锤炼,和我们传统方式上植树节开展的"了解植树节的来历""为校园种一棵树"等活动相比,要有意思得多,也有意义得多。

(三)创意无限,以学生自创作品为主要成果

德育实践活动,一般重在过程的实践和体验,强调学生在过程中的感受和收获,活动开展过后一般没有成果的呈现。以项目化学习方式开展的德育实践活动,则在过程积累的基础上,有学生自创作品的呈现和展示,这种成果的呈现,能很好地体现学生的实践收获,让学生更有成就感和收获感,从而提升德育实践活动的延伸效果和后续生成。

例如在中秋期间,我们开展"如何做一个中秋月亮灯"的主题活动,

学生们在小组合作的实践之后，提交了各式各样的中秋月亮灯。"翼飞冲天队"的学生们提交的是一个"纸盒子剧场"的作品，里面分别有月亮和星星的挂饰，有六个小队成员头像的宇航员模型人物，以及一首《中秋望月》的自创诗歌，配以凹凸起伏的彩泥做成的类似月球地面，以及蓝色深邃的背景，呈现了他们小队的共同梦想——做宇航员，登上月球。他们通过共同的智慧和创意，表达了他们好好学习、长大探索太空的美好愿望。

二、形成基本的模式，以项目化学习方式提升德育实践活动的科学性

在不断进行基于项目化学习活动的德育实践活动的实践基础上，我们逐渐摸索出适合德育实践活动开展的项目化模式，并将它形成基本的模式，以此促进各类德育实践活动更加有效开展。

基于项目化学习的德育实践活动模式的结构如下：

（一）列出问题清单

根据单项德育实践活动，学生提出想了解的该主题所涉及的各种问题，并将这些问题进行系统整理，列出"问题清单"，而清单则成为后续项目化德育实践活动的"问题导向"，其中学生感兴趣的点，就会成为学生研究项目的主题。比如我们开展水母研究项目时，学生的问题形形色色，形成了以下问题清单：

水母是怎样进食的？水母的寿命有多长？

如何进行水母缸的水质检测？水母如何进行繁殖？

……

这些问题的罗列，也方便孩子们找到最感兴趣的研究点，从而开展相对应的合作探究活动，更加深入了解海洋中的生物，并且生成保护海洋生物的情怀。

（二）设计项目计划书

学生自由组合成立项目小组（5～8人），从问题清单中选择本小组需要完成的项目主题，进行小组交流与协商，设计完成小组"项目设计书"。

项目设计书样表参考如下：

项目主题			
小组名称			
小组成员及分工	姓 名	任 务 分 工	任 务 参 考
组长			资料搜集 活动过程记录 数据记录 记录总结 报告撰写 摄影摄像 ……
组员			
家长辅导员			
项目活动时间及地点	项目活动内容		项目活动成果形式
项目研究成果展示时间	项目研究成果展示地点		项目研究成果展示形式

在实际进行德育实践活动的过程中，也会根据不同的需求和资源等，对项目计划书进行调整和修改，如中秋节活动中，我们其中一个小队的计划书是这样的：

项目主题	如何制作中秋月亮灯——玉兔望月	
小组名称	仰望星空	
小组成员及分工	姓 名	任 务 分 工
组 长	杨××	组织活动，在小组内进行分工及任务安排。落实活动场地和制作材料等。
组 员	严××	作品绘画部分及手工折纸

续　表

组　　员	褚××	作品框架拼搭及作品布局
组　　员	马××	完成小组记录表
组　　员	马××	诗歌创作及粘贴
家长辅导员	李　×	提供技术支持（3D打印），提供制作材料
家长辅导员	许××	绘画、折纸等技术指导
项目活动时间及地点	项目活动内容	项目活动成果形式
9月17日，港城新天地	购置活动所需器材	月亮灯"玉兔望月"
9月18日，杨××家	合作完成月亮灯	
作品简介	整个作品借助3D打印技术做出月亮灯的立体模型，增添了大量的绘画、折纸手工艺的装饰和补充，使作品更具生动和灵韵。此次活动不仅增加了大家对中秋节的认识和理解，也提高了大家的合作能力，提高了空间想象力。附：作品中的自创诗歌《贺中秋》 月华如水几层层，欢聚中秋笑声盈； 摇月箫筝千里外，一轮好景又倾城。	

一份计划书的产生，给整个团队的实践和探索指明了方向，也为更加有序、有效地开展活动奠定了扎实的基础。

（三）强调团队合作的过程实施

在整个项目化的德育实践活动过程中，一定是以小组合作的形式来进行全部内容的实施的，从资料收集、提出问题到系列化的探究活动（确定活动时间、内容，以及对全活动过程的记录等）、分析和解决问题、成果整理及报告撰写等，所有的经历和收获，都是学生共同实践和探究所得。

如在进行"怎样做优秀的海昌公园讲解员"项目活动中，小组成员在专业辅导老师的指导之下，针对企鹅馆内的多种企鹅进行材料的收集整理、讲解稿的撰写和完善、多个企鹅类型的分工讲解、互相讲解和评价改进等，最后呈现了非常完整且精彩的企鹅馆讲解，获得了前来海昌公园参观游玩的游客们的高度评价。

（四）多元化作品的成果反馈和评价

基于项目化学习的德育实践活动，非常重视小组合作成果的展示并进行针对性的评价。根据所开展活动的形式和内容的不同，可以采用摄影展、小报展、思维导图展、项目宣讲会、创意作品展、项目报告会等形式进行展示。如中秋节活动中我们举行的是"月亮灯会"的专题展，植树节活动后我们呈现的是"绿色长廊路线展"，安全教育周后我们举行的是"安全伴我行"思维导图秀，等等。多种形式的成果展示，给了孩子们展示的平台，也进行了德育实践活动的宣传辐射，更好地营造了一种实践探索和自信展示的良好氛围。

这样的一个完整模式的形成，成为德育实践活动开展的一个"百变魔盒"，任何一个主题的活动都可以利用这个模式开展，问题不限、形式不限、过程不限、成果不限，学生们的主动性和创造性得以充分发挥，他们的各方面能力和素养都得以锻炼和提高，这样的德育活动，真正体现了科学性和以学生发展为本。

三、融合多方的资源，让基于项目化学习的德育实践活动不断拓展外延

项目化学习活动，以其丰富性、多元性、不确定性等因素，充满了很多未知的可能，所以也呈现着别样的精彩。基于项目化学习的德育实践活动也必将会涉及各个领域和专业的其他知识和技能，涉及多学科融合，涉及多领域融合。利用好社区及多方的资源，为学生的项目化德育实践活动提供更多场馆、设备、专业人员等的支撑，必将使活动外延拓展、更加有效。临港是一个开放性的城市，广纳多方人才，各类高端科技产业、各类现代化场馆及多所高校等，都可以为我们提供各类资源。2019年8月，临港新片区成立，临港也有了更多的可能性，对我们而言，可以利用的资源

也必将更加广泛。

（一）挖掘场馆资源，融合科技和未来元素

临港有很多高科技产业企业、教育高校、博物馆、主题公园等，这些场馆可以为我们带来更加专业化、科技化的元素，提升我们的德育实践活动品质。就以现在的情况而言，我们就与三个共建单位——上海海昌海洋公园、中国航海博物馆、上海海事大学联合开展了海洋系列的德育实践活动，充分利用他们的场馆和专业人士资源等，为我们的项目化德育实践活动提供更大的空间。

前期规划的主要基于项目化学习的海洋系列的德育实践活动内容如下：

活动主题	活动场馆	主要项目	培养目标
海洋生物大探秘	上海海昌海洋公园	美丽的剧毒——水母 Hi，我是Nimo——小丑鱼 帝企鹅日记——帝企鹅 聪明的精灵——瓶鼻海豚	培养学生自主提问、小组合作、活动设计、友善交往等能力，在认识海洋动物的基础上，培养爱护海洋环境，生成人与自然和谐相处的美好情感
航海知识我知道	中国航海博物馆	小船大奥秘 小小航海家 丝路再出发 大国海军梦	培养学生提出问题、制订方案、小组合作、主动探究、善于动手、敢于创造等能力，通过了解中国航海史，增强自豪感和责任感
海洋科技我来学	上海海事大学	集装箱供应链 智能海事搜救 水上智能交通	培养学生自主提问、小组合作、收集资料、解决问题、总结整理等能力，感受到建设海洋强国的使命感

比如在"美丽的剧毒——水母"项目中，我们以小组合作的形式，让学生探究自己想了解的主题，学生团队在不断实践过程中，尝试进行水母的喂养、水母缸水质的检测等，获得了非常宝贵的项目收获和体验，而这

些所得，都得益于海昌海洋公园给予我们的场馆开放、专业人士指导等一系列支援。

（二）利用人力资源，为德育实践活动提供专业支撑

基于项目化学习的德育实践活动的顺利开展，需要学生全方位能力的提升，从而真正能够基于一个问题，解决真实生活中相关联的一系列问题，达成想要的较好的成果，这个过程中，我们需要两类人力资源的保障：一为专业人士的引领，二为辅导员的后勤服务。这两类人，成为学生开展德育实践活动的重要保障力量，成为提升活动实效的关键因素。

专业人士的引领，可以为学生的德育实践活动指明方向，让他们能够在正确的领航后，找到明确的活动形式，确定合适的活动目标，从而更好地实现目标。比如我们最初在开展海昌公园"水母"项目时，首先请到了海昌公园水母养殖的技术人员，为学生进行有关水母的专题科普讲座，让学生大致了解水母的基础知识，知道进入水母馆的基本要求等等，从而为后期的"学做水母饲养员"和"进行水母缸水质检测"等活动打下一定的科普基础。比如我们在开展植树节活动前夕，邀请了上海鲜花港的花卉种植的技术人员，为学生讲述临港常见的植物种类、基本特征、生存和养护条件等，为学生后续更好调研和选择适合临港生长的植物的探究项目奠定了知识基础。

后勤服务人员，可以为我们尚且年幼的学生正常开展项目提供人力物力支持，我们一般把这一类任务都交给我们的志愿者爸爸妈妈们，让他们承担辅导员的角色，在学生们的小组合作过程中，及时地施以援手。比如在"冲锋小队"的"临港的土质如何"的项目化德育实践活动中，家长辅导员承担的任务有：接送孩子们前往塘下公路沿线、春花秋色公园等采集泥土样本，接洽临港研究企业为孩子们提供土质成分检测的技术指导和设备设施，帮助孩子们进行摄影摄像记录活动过程，提供总结报告样本进行报告的撰写指导，等等，有了这些后勤保障，才使得我们学生的项目化德育实践活动能够顺利开展和科学开展。

基于项目化学习的德育实践活动，突破了传统德育活动的重情感轻能力的局限，着眼于学生团队合作、问题意识、探究能力、资源整合、方案设计、分析整理、汇报总结等更多未来化发展能力的锤炼。学生在进行道德情感熏陶的同时，得到了有利于他们将来成为社会合格建设者和接班人的全面素养和综合能力的提升。这是一种尝试，也是一种革新，相信这样的德育实践活动，焕发出的是更多体现"以人为本、着眼未来"的光芒，也必将给学生未来的发展带来更多的益处。

第四节 基于项目化学习,开展海洋文化德育实践活动

项目化学习在美国被中小学普遍采用,锻炼了美国中小学生的创造力、团队合作和领导力、动手能力、计划及执行项目的能力。除此以外,对项目的选择也让中小学生更早和更深入地面对和解决现实生活中的问题。这些能力则是中国应试教育下的孩子缺少的应对来自世界、面向未来挑战的能力。在我们的日常德育活动中,较多的是实践类、体验类的活动,学生通过学习感悟,提升道德情感和能力品质,却缺少了学生主动探究去提出问题、设计方案、解决问题、获得情感认知和综合能力提升这样的过程。

近年来,国内的各所学校也掀起了项目化学习的热潮。山东省德州市德城区明诚学校从2017年开始研究项目化学习课程的多样性,"如何控制校园流感疫情的暴发"等项目的有效实施,极大地推动了学生自身知识的整合,提高了操作能力和创新能力。

2020年10月,上海市教委发布《义务教育项目化学习三年行动计划(2020—2022年)》,要求"推进义务教育教与学方式变革,着力培养学生创造性解决问题的能力,进一步提高义务教育质量"。浦东新区于2021年初也审核通过了一批项目化学习种子校,全面推进项目化学习方式在基础教育的试点和普及。

21世纪是海洋的世纪。国家"十三五"规划中明确提出:"坚持海陆统筹,发展海洋经济,科学开发海洋资源,保护海洋生态环境,维护海洋权益,建设海洋强国。"临港新城地处东海之滨,是在海滩上围海造田建设出的一座新城,它依靠洋山深水港和上海自由贸易试验区,具有鲜明的海洋特征。普及海洋知识、引导小学生从小树立正确的海洋观,培育学生开

放、包容、创新、进取的精神，让拥有海洋文化特质成为新一代临港新城人的鲜明特征，为我国向海洋大国迈进培养人才，显得尤为迫切和重要。

在临港的开发建设过程中，许多拥有海洋教育资源的高校和场馆在我们身边出现，为我们开展项目化海洋文化系列活动开展提供了大量的资源。上海航海博物馆是"国内领先、世界一流"的国家级博物馆，通过对我国航海事业发展的昨天、今天和明天的全面研究和展示，传承中华民族的航海文明。上海海昌海洋公园是世界一流的海洋公园，内有6个大型动物展示场馆、300多种海洋生物，是了解神奇海洋的一个窗口。上海海事大学是一所以航运、物流、海洋为特色，具有工学、法学、艺术学等多学科门类的多科性大学，被誉为"高级航运人才的摇篮"。

明珠临港小学以创建"温暖、优雅、有创意的智慧成长乐园"为发展目标，希望培育具有温暖情怀、问题意识、探究能力与合作精神的当代少年。利用项目化学习方式开展德育实践活动是实现学校育人目标的非常好的途径。

基于项目化学习开展海洋文化系列活动，对于学生的能力要求比较高，需要学生具有一定的逻辑思维能力、解决问题能力及初步的社会交往能力等，所以我们将此课题的参与研究对象定为小学高年级学生。

一、基于项目化学习的小学高年级海洋文化活动内容

1."海洋生物大探秘"系列活动（珍爱海洋生物，人与自然和谐共处）

对接场馆：上海海昌海洋公园

项目主题	涉及学科	项 目 内 容	培养目标
美丽的剧毒——水母	语文、数学、生物、科学、自然	1. 水母的身体结构 2. 水母的食物及对水母进行喂食 3. 水母的繁殖方式及水母不同生长阶段的身体形态 4. 水母的天敌 5. 水母生存的水环境及水母缸的水质科学检测	培养学生自主提问、小组合作、活动设计、友善交往、动手操作、科学实验等能力，在认识海洋动物的基础上，

续 表

项目主题	涉及学科	项 目 内 容	培养目标
聪明的精灵——海豚	语文、数学、生物、科学、自然	1. 搁浅海豚的救助 2. 海豚的食物及海豚饵料的加工 3. 海豚的驯养手势 4. 海豚的身体构造 5. 海豚体温测量 6. 海豚呼吸道分泌物采样和血液采样及观察分析海豚血液样本	培养爱护海洋环境，生成人与自然和谐相处的美好情感
快乐的大脚——企鹅	语文、数学、生物、科学、自然	1. 企鹅的食物及加工 2. 企鹅食谱的搭配及营养素的添加 3. 企鹅肺部和肝脏组织切片的浸泡、冲洗、脱水、熔蜡浸蜡 4. 使用切片机制作组织切片样本 5. 进行组织切片的观察和分析来判断企鹅的健康 6. 企鹅的生活习性及生活环境要求 7. 企鹅馆的水质检测（大肠杆菌及大肠菌群） 8. 企鹅馆的水循环系统及空气净化系统	

2."航海知识我知道"系列活动（了解航海历史，感受国家荣誉感）

对接场馆：中国航海博物馆

项目主题	涉及学科	项 目 内 容	培养目标
远航的祝福——福船	语文、历史、自然、科学、劳技	1. 福船的由来 2. 福船的结构 3. 福船制作技术 4. 福船的航海历史 5. 制作一艘创意福船	培养学生提出问题、制订方案、小组合作、主动探究、善于动手、敢于创造等能力，通过了解中国航海史、上海港历史等，增强自豪感和责任感
生命的挚友——船舶安全设备	语文、美术、劳技、3D打印	1. 船舶的消防和救生系统 2. 救生筏的设计（形状、颜色和配置物资等） 3. 用不同材料进行救生筏的设计、制作和完善	

续表

项目主题	涉及学科	项目内容	培养目标
港口的回眸——上海港的前世今生	语文、历史、美术	1. 上海港的由来 2. 上海港选址变迁的依据 3. 上海港的主要港区分布 4. 上海港主要发展历程的梳理 5. 设计制作上海港的发展时间轴画	

3."海洋科技我来学"系列活动（领略航海科技，增强以海强国信念）

对接场馆：上海海事大学

项目主题	涉及学科	项目内容	培养目标
运输的纽带——散货船	数学、科学、自然、劳技	1. 散货船散货装卸实验 2. 散货船理论力学实验 3. 散货船机械实验 4. 设计散货船传输带（液体类货物、固体类货物、块状类货物不同类型传输带）	培养学生自主提问、小组合作、收集资料、解决问题、总结整理等能力，感受到建设海洋强国的使命感
大气的保护——船舶尾气处理	数学、科学、自然、劳技	1. 船舶动力系统 2. 船舶尾气处理方法（脱硫法、脱硝法） 3. 船舶气体成分检测装置 4. 设计制作一套船舶尾气收集装置	
深蓝的"眼睛"——水下智能机器人	科学、自然、数学	1. 水下智能机器人的种类、功能与运用范围 2. 仿照某种生物进行外形设计 3. 提供有效的动力能源 4. 实现机器人的各种功能（运动控制、上浮下潜、灵活取物、信号传感、应急处理）	

二、基于项目化学习的海洋文化系列活动课程的实施模式

1. 列出问题清单

根据单项海洋文化活动，学生提出想了解的海洋文化知识或感兴趣的

探究主题，进行汇总整理，列出问题清单，供后续项目开展提供参考。如在"远航的祝福——福船"项目开展之前，学生们就根据大家所希望了解的福船问题进行了问题清单的罗列：

"远航的祝福——福船"项目化德育活动问题清单

小组名称：乘风破浪小船长小队

活动年级：　　　三年级　　　

序　号	问　　题
1	什么是福船？
2	为什么叫福船？
3	福船有哪些种类？
4	福船的用途是什么？
5	福船的结构有什么特点和作用？
6	福船对我国的航海事业有什么意义？
7	什么样的福船更适合远航？
8	福船的发展史是怎么样的？
9	福船最重要的航海事迹有哪些？
10	福船用到了哪些最关键的技术？

2.设计项目计划书

成立小组（5~8人），从问题清单中选择小组要完成的项目主题，进行小组交流与协商，设计完成小组项目设计书。比如"运输的纽带——散货船"项目中，"船流不息小分队"设计了极为详细的项目活动计划书（见下页）。

3.强调团队合作的活动实施

基于项目化学习的德育活动，更强调小组形式、明确分工、团队合作，凝聚团队的力量进行驱动性问题的解决，并以问题链的形式推进整个实践实施过程，最后达成驱动性问题的解决，并以可视性成果的呈现来进行项目的宣讲推广。比如"深蓝的'眼睛'——水下智能机器人"项目的

"运输的纽带——散货船"项目活动计划书

队名：<u>船流不息小分队</u>
年级：<u>三年级</u>

一、项目概述

项目主题	探秘散货船

项目简述：

　　随着全球经贸和海运需求的快速发展，船舶大型化趋势十分明显。尤其是最近几年，我国经济发展迅速，对钢铁的需求不断增加，矿砂进口也随之激增，亚非拉其他新兴国家对铁矿石的进口需求也日益增多，极大地刺激了干散货船和超大型矿砂船的发展。

　　散货船是散装货船的简称，是专门用来运输不加包扎的货物，如煤炭、矿石、木材、牲畜、谷物等。散装运输谷物、煤、矿砂、盐、水泥等大宗干散货物的船舶，都可以称为干散货船，或简称散货船。按载运的货物不同，又可分为矿砂船、运煤船、散粮船、散装水泥船、运木船等。这种船大都为单甲板，舱内不设支柱，但设有隔板，用以防止在风浪中运行的舱内货物错位。散货船专用于运送煤炭、矿砂、谷物、化肥、水泥、钢铁等散装物资，其数量仅次于油船。

　　本项目通过组建项目团队，合作分工，查阅相关专业资料，实地调研上海海事大学散货船实物与资料等方式，深入了解散货船的名称由来、发展历史、装载分类、大宗级别、船规细节、安全条款等。随着项目的推进，学生对散货船有了初步的认知，根据掌握的散货船装载原理，制作出不同类型的货物运输带。

核心知识	名称由来：了解散货船名称的由来
	发展历史：了解散货船的发展历史和保有量变化
	装载分类：了解不同种类的散货船
	大宗级别：了解不同级别的散货船
	船规细节：了解船舶规范，选择适用船舶
	安全条款：了解国际海事组织船／岸安全检查清单
核心能力和情感	能力： （1）善于发现问题，提出可行性的建议并进行验证 （2）利用团队的力量合作探究，成果共享，一起积极解决发现的问题 情感： （1）感受我国经济发展迅速，激发家国情怀与爱国意识 （2）关怀他人，愿意为他人遇到的问题去给予帮助

二、项目关键目标

　　学生能在本项目中，了解散货船的基本构造、配载原理，根据散货船配载原理，制作出不同类型的散货船传输带，感受船舶大型化进程中所体现出的经济性与节能效果。

三、小组成员及分工

项目主题	运输的纽带——散货船			
小组名称	船流不息小分队			
小组成员及分工	姓名	任务分工		任务参考
组长	钱××	协助制作项目计划书	制作优化运输船模型	资料搜集过程记录 数据记录 记录总结 报告撰写 摄影摄像 ……
组员	吕××	搜集问题，汇总问题清单		
	金××	查阅文献，记录过程		
	张××	记录总结		
	陈××	报告撰写（思维导图、小报）		
	董××	报告撰写（思维导图、小报）		
项目活动时间及地点	项目活动内容		项目活动成果形式	
12.15 上海海事大学	参观散货装卸实验室 参观理论力学实验室 参观机械实验室 散货船基本理论知识课程		分组制作散货船思维导图、小报	
12.18 上海海事大学	制作散货船传输带		设计并制作出不同类型的散货船运输带	
项目研究成果展示时间	项目研究成果展示地点		项目研究成果展示形式	
12.21—12.31	校内成果展示（阳光房展示区、各班教室）		散货船小报、散货船思维导图和散货船传输带	

四、研究方法

观察法：观察上海海事大学的散货装卸实验，了解散货船的外观、基本构造与实际操作等，为之后的实践研究做铺垫。

资料收集法：通过网络、文献资料等途径收集散货船的相关资料，深入了解散货船的基本原理，明确研究目的。

实践法：利用小组合作的方式，结合前期搜寻的资料与实地考察的信息，准备材料。开展制作散货船传输带的实践。

五、项目行动过程

1.组建项目团队，明确职责分工。

2. 收集项目相关资料，整理、归纳。
3. 制订实地调研活动计划，并执行。
4. 形成项目研究报告，修改，完善。
5. 项目研究报告汇报，经验分享，归纳。

六、项目所需资源

散货船相关书籍、网站、网页；上海海事大学现场参观；传输带制作技术支持等。

七、成果形式

散货船思维导图、散货船小报、散货船模型。

活动实施过程是这样的：

（1）多渠道的资料收集

项目开始之初，小组成员们根据项目主题，进行了多种形式的资料收集活动。有的通过网络查找资料，有的前往海事大学图书馆查阅相关书籍，有的前去参观采访海事大学相关水下智能机器人的老师或大学生。他们通过多种形式收集信息，大致了解了水下智能机器人的功能、特点及作业方式等，为项目的顺利开展积累一定的素材，奠定一些基本知识基础。

（2）头脑风暴，明确育德性驱动性问题

根据之前收集的问题清单，以及小组成员集体交流讨论，他们选择了本项目大家最感兴趣的话题，并形成了具有德育目标指向性的项目驱动性问题："以科技引领建设海洋强国之——如何设计一款仿生型水下智能机器人"，之后的所有实践探究活动都将围绕着这个驱动性问题展开。

（3）自主实践，探究活动及分析、解决问题

实践探究活动开始了，学生们根据驱动性问题，开展一系列以"问题链"衔接的项目实践活动。在这个过程中，他们以"发现问题—解决问题—链接产生下一个问题—解决下一个问题"的模式，不断拓展实践探究的深度和广度，直至最终达成驱动性问题的解决。他们的"问题链"及解决过程如下：

阶段一：什么是水下智能机器人？

实施渠道	活 动 收 获
小组研讨网络及查阅	现在无人水下作业机器人主要有有缆遥控机器人和无缆机器人，在有缆遥控机器人中又分水中自航式、海底及结构物上爬行式三种，是通过电缆由外部提供控制信息，且自备动力的无人潜水器。有缆遥控机器人中的自航式，是一种自由活动的有缆遥控水下机器人，母舰与机器人之间用缆绳来控制。有缆遥控机器人在爬行时，可用履带等在海底移动。有缆与无缆最大的区别是有无缆绳，有缆中的自航式和爬行式的区别是移动方式不同
海事大学物流工程参观	参观各种水下机器人实物，了解构造 海事大学辅导员讲述"樟门水库"案例，了解水下机器人在电子刑侦方面的贡献 学做操盘手，尝试水下机器人的操控 发现一些智能机器人在水下作业时可能遇到的险情

在实地参观考察之后，探索启航小队的成员们突发奇想，决定根据水下机器人的启示，为小队设计一枚队徽，营造齐心协力进行探究的团队氛围。考虑到活动项目是"水下作业"，队徽设计就想到了深蓝色的海底、潜水作业机器人等元素。队徽整体深蓝色调代表海底的颜色，设计成圆形，代表大家的团结和凝聚力。外围用橙色象征太阳的光芒，代表着希望与动力。黄色灯光一直照射到圆形外面，象征着人们将研发更高端先进的科学技术。"乘风破浪、勇往直前"的小队口号寓意着要在水下智能探索的道路上勇敢向前冲！

阶段二：如何设计和为什么设计我们的水下智能机器人？

队员们通过网上会议、开展实验活动讨论，解决了机器人的动力、上浮下潜原理、密封、取样设备和材料等问题，完成了机器人的基本设计。在项目完成的整个过程中，共进行了多次网络会议讨论并去实地观察水下机器人的作业方式。小组成员在讨论过程中踊跃发言，交流资料查阅的情况、对水下机器人作业方式的理解及所掌握的设计知识，最终确定了设计方案。在"动力"这个板块，重点讨论了马达的尺寸和涡轮的作用；在"上浮下潜原理"板块，重点论证了用针管控制重量达到上浮下潜的效果；在"密封"板块，通过讨论决定采用性价比高的密封蜡作为防水涂层；在"取样设备"板块，讨论了置物管的安装位置和机械手臂的连接问题。

在实施过程中，队员们层层深入挖掘和解决问题，并最终达成了对驱动性问题的解决。

问题序号	问题链线索	解决方案
1	参考什么外形进行设计？	如果想在水下自由活动，最好的办法是向鱼学习。可以模仿旗鱼进行仿生流线型减阻船体设计。模仿旗鱼，在船头设计一把"利剑"降低水的阻力，设计模仿旗鱼的回声定位，设计模仿鱼鳔通过吸排水实现上浮下潜
2	如何提供有效的动力能源？	智能机器人的动力来源是尾部的大涡轮，在鱼鳍上装有两个反向小涡轮，能够减少刹车的时间。机器人含有四个体内电池，采用并联电路，连接到电量中转，用控制面板操控电流，以此让各部分工作
3	如何实现灵活的运动控制方案？	将旗鱼的鳍变成控制方向的舵板，用舵机进行控制，配置两个马达进行驱动
4	如何实现上浮下潜功能？	模仿辐鳍鱼类的鱼鳔，运用电磁铁，使针管进行吸水和排水，从而达到控制机器人密度，实现快速上浮下潜
5	如何达到灵活便捷的取样作业功能？	在鱼身两侧配有四关节机械臂，抓取东西更为灵活；机械臂抓取物品放入"旗鱼"嘴中，那里有用来盛放物品的置物管，并运用履带将置物管送入口中，防止掉落
6	如何实现传感功能？	设计旗鱼头部是信号传感器，上颚是照明部分。眼睛部分设计成专门负责水下和观察的广角微型摄像头。通过信号传感器，将指令传达给蓝牙，再传给控制面板，控制水下机器人
7	如何实现应急处理功能？	假设机器出现故障，气瓶中的气会充进写有"出现故障"的气球，漂至水面上，进行自助
8	为什么要设计水下智能机器人？	利用科技的力量建设海洋强国，需要我们从小努力，今天的水下智能机器人可能只是个设想，将来我们可以融入更多科技元素，制造真正的未来智能机器人，为守护国家海岸线贡献力量

（4）成果整理、记录总结或报告撰写

项目化德育活动的开展，充分考虑了学生的主观能动性的发挥，在成果的形成记录上也充分张扬学生的个性。各小组成员在项目研究过程的一些记录、一些方案、一些清单，以及他们的设计图、思维导图、宣传小报、模拟作品，或者是他们的项目报告等，都充分展示了智慧和能量，呈现出不一样的精彩。

探索启航小队最后形成的成果有：水下仿生机器人设计图、活动宣传小报、活动研究报告等。

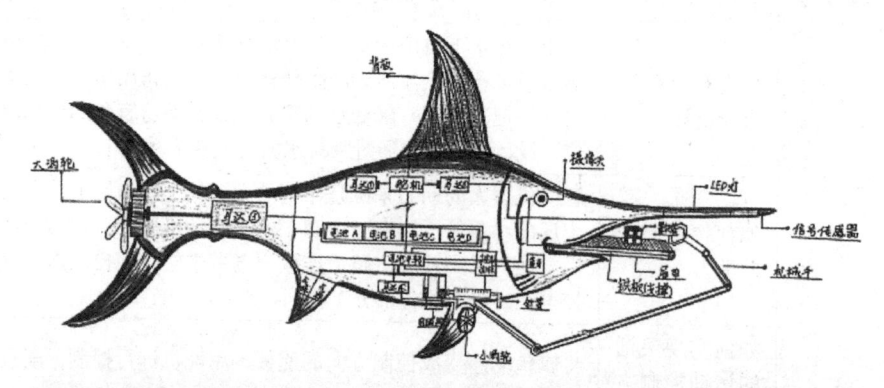

"水下智能机器人"项目活动报告

活动时间	12.4—1.25	活动类型	小组活动	指导老师	潘老师
小组成员	俞××，张××，张××，赵××，江××，朱××，伍××			记录人	张×× 赵××
活动摘要	我们在班主任潘老师的带领下走访相关领域如上海海事大学，了解了水下机器人的构造与作用。确定了我们研究的水下机器人的外形与构造。我们有明确的分工又相互合作，在多次讨论下，克服了许多的困难，完成了一款多功能水下机器人的设计图纸、研究报告和宣传海报					
活动过程	1. 学习参观 　　12月8日参观上海海事大学，科研人员普及海底机器人专业知识，参观各种水下机器人实物，体验如何操控机器人，了解它们的构造，初步制订出了设计方案。 2. 分工探究 组员:刘×× 负责队徽的设计和队名的设想，并协助完成研究报告。 组长:俞×× 负责总结组员提出的问题，完成水下机器人的设计图纸，并提供相关资料。 组员:伍×× 负责完成活动计划书。 组员:朱×× 负责3D打印建模，并协助完成活动计划书。 组员:张×× 提供机器人设计思路，负责活动报告。 组员:江×× 负责小报的绘制以及图纸的美化。 组员:张×× 负责完成研究报告。 组员:赵×× 提供机器人的设计思路并协助完成活动报告。 3. 成果展示 (水下机器人设计图)					
活动感悟	通过这次项目化学习，我们收获很多知识、锻炼了能力。了解了海难、空难事故后及需要进行深海水下作业时水下无人机器人在人类无法到达的深海所起到的重大作用，它是怎么上浮下潜的、是怎么承受压力的等问题也得到了解答。这次活动提高了我们潜水设备设计的能力、查阅文献资料的能力、团队合作的能力、画图的能力等。 　　虽然我们没能做出机器人，但我们仍非常满意和自豪。我们希望在今后的学习中，能有机会再深入学习，设计出真正能用，并且属于我们的水下机器人。					

4. 多元化作品的成果反馈

项目成果的完成，是小组成员深入进行项目实践的物化呈现，也是他们群体的结晶。我们的项目活动借由几个小组深入实践，也将由他们进行推广宣传，进行多元化、个性化、特色化的项目研究成果展示，从而扩大项目成果的影响，把他们的收获传递给更多的同学。

在进行成果反馈的过程中，我们较多使用摄影展、小报展、思维导图展、项目宣讲会、创意作品展、项目报告会等形式，静态与动态结合，一方面以静态呈现的方式让更多的学生进行浏览学习，一方面以动态的形式在小队成员的自信表达和形象介绍下实现小队成员的自信成长，并将这种趣味和激情传递给更多的学生。

5. 基于学生自主发展的多维评价

学生在整个项目过程中的综合表现如何，是否达成了我们预期的培养目标，需要针对各个不同项目的实际情况进行项目评价表的设计，从学生自己、小组伙伴、辅导员等几个方面进行评价。项目化德育活动的评价不同于其他评价，需要从以下几个方面进行综合考量评判：

一是充分的准备，要评价学生是否对项目充满期待，是否有积极的海洋文化情感，是否前期做好充分准备。

二是过程的投入，要评价学生投入项目的专注度、参与的深度与广度。

三是合作的成效，要评价学生组内分工、合作的意识能力，为团队所做贡献。

四是结果的呈现，要评价学生形成的阶段性成果及对成果的自信宣传推广，是否在最后有道德情感的提升和发展。

以水母项目为例，我们结合水母项目实践过程，从"准备工作、文明参观、敢于实践、善于合作、积极展示"五个维度设计评价表，对学生在项目过程中的表现进行评价。

我的项目评价

在参与水母项目活动过程中，你的表现如何呢？请你自己评价一下，并邀请小伙伴和辅导员为你做一下评价。

评价项目	评 价 内 容	自我评价	小伙伴评价	辅导员评价
准备工作	1. 认真收集水母知识信息	☆☆☆	☆☆☆	☆☆☆
	2. 知晓水母项目相关任务	☆☆☆	☆☆☆	☆☆☆
文明参观	1. 进入展馆安静有礼有序	☆☆☆	☆☆☆	☆☆☆
	2. 认真参观仔细做笔记	☆☆☆	☆☆☆	☆☆☆
敢于实践	1. 遵守饲料间实验室规则	☆☆☆	☆☆☆	☆☆☆
	2. 仔细聆听，学习方法技巧	☆☆☆	☆☆☆	☆☆☆
	3. 进行喂食、清洗、检测	☆☆☆	☆☆☆	☆☆☆
善于合作	1. 认真主动完成自己的任务	☆☆☆	☆☆☆	☆☆☆
	2. 配合其他队员完成任务	☆☆☆	☆☆☆	☆☆☆
	3. 合作完成实验报告等	☆☆☆	☆☆☆	☆☆☆
积极展示	1. 形成个性化项目成果	☆☆☆	☆☆☆	☆☆☆
	2. 积极展示，自信介绍	☆☆☆	☆☆☆	☆☆☆

三、基于项目化学习的小学高年级海洋文化系列德育活动的意义

（一）结合地域资源开展具有丰富内涵的海洋文化项目活动，成为最好的爱国爱乡教育、理想信念教育的活动载体

一方水土养一方人，结合地域资源开展德育活动，才会更接地气，才会更有生命力和蓬勃活力，也才能真正从了解家乡、热爱家乡的基础道德素养延伸到对祖国的热爱、对生活的热爱、对未来的向往。临港是一个依海而生的新兴城市，从一片汪洋吹沙填土经历20余年发展而成，临港成为一片洋溢着浓浓海洋文化的现代新城。很多孩子的父母都是临港引进的海洋文化人才，他们也自小受到父母影响，对海洋充满感情。海昌公园、航海博物馆和海事大学对学校的开放支持，更让学生们能够深入感受到丰富

的海洋文化内涵，从海洋生物、航海历史、海洋科技等方面有了更多的学习认知，增强了他们对临港的热爱，也点燃了他们小小航海梦的火花。

参加船舶尾气处理项目的小张同学说："我通过这次项目学习了解到船舶动力系统的运作方式，了解到船舶尾气产生的主要原因是柴油在动能处理后所产生的硫化物和硝化物等废气，这些废气排放到大气中会产生酸雨损害环境。我深刻认识到保护环境的重要性，希望我们美丽清新又临海而生的家乡不要受到海水污染和环境污染的破坏。我一定要努力学习航海科技知识，在未来能找到更清洁经济的能源，彻底消灭船舶尾气。"

在海事大学项目过程中，队员们聆听了海事大学白教授讲述她作为中国首位穿越北冰洋女航海驾驶员的北极科考故事，孩子们的感悟非常深刻，小徐同学说："白教授担任'雪龙号'二副，去极地探险，回来做大学老师还在不断考博士、考船长等。您的坚忍不拔的精神，为自己理想不断努力的精神，让我非常佩服。我也有一个航海梦，感谢您让我有了信心和努力的方向。我要学习您的航海精神，向着梦想出发，相信自己终会到达成功的彼岸。"

（二）凸显学生的主体性、主动性与合作性，有效促进学生全面素养、综合能力的提升

基于项目化学习的德育实践活动，充分凸显了学生的主体性和主动性，他们成为项目的主人，选择项目、设计方案、完成项目、交流展示等，都由他们小组交流协商决定。在整个活动的实施过程中，他们有各自的分工，又同时进行密切的合作，协同完成项目探索，形成项目成果。在整个系列活动中，他们走出校园，深入海昌公园、航博馆和海事大学，与场馆辅导员携手合作，这个过程中，他们感受到了真实的社会场馆的运作模式，学会了基于项目合作的人际交往，在真实的社会场景中，全面地锻炼了他们的能力，提升了他们的素养。

通过项目的开展，我们深刻感受到学生不一样的变化发展，他们更热烈地讨论他们的方案，思维火花的不断碰撞融合，形成了他们自己的项目策

划；他们追寻自己想了解的知识技能，主动地利用各种资源进行学习探索；他们综合语文、数学、科学、美术、劳技等各种学科知识技能，进行项目成果的创意制作；他们自信表达，积极努力地进行项目成果的宣传推广。

企鹅项目的小组成员认真梳理项目过程和成果，积极进行项目过程展板的设计制作，参加了浦东新区青少年科技创新大赛青少年科技实践活动的评比，他们以翔实的报告、精彩的答辩，最终获得二等奖的荣誉。

参与海昌公园各个项目的部分学生，参与了央视少儿频道《快乐体验》栏目组的演员评选，其中小葛、小卢、小王等多名同学正式入选，参加了连续两天的拍摄，并在央视少儿频道正式播出。节目中，这几名同学的知识丰富、善于合作、自信勇敢等特质充分显现。

（三）最新的教育模式，促进了教师的再学习，提升教师的教育专业化素养

教师肩负着教书育人的重任，教师的再学习力非常重要，唯有紧跟时代不断学习进步的老师，才能带好不同时代背景下一批批成长起来的新生代学生。在"人人都是德育工作者"的教育背景下，每一位教师都要实践以德育人的信念，都要能够组织和参与恰当的德育实践，来促进学生的"以德为先"的全面发展。组织项目化学习活动对老师们而言，是一种崭新的教育模式，需要老师首先要多学习、多揣摩，把握项目化学习的核心理念，积极探索不同形式的项目化学习项目，从而引领学生开展科学有效的项目化学习活动。

在引领基于项目化学习的德育活动的过程中，老师们学习领悟了更加先进的教学方法，同时也锤炼了教师技能，促进了教师的专业化素养提升。李老师在此次项目过程中，一开始只是海昌公园项目的带队老师，他和学生们一起从零开始，共同探索未知。通过近两年的实践，他已然成长为学校项目化学习项目的领衔教师，成为学校项目化学习项目的策划者和组织者，他本人也撰写发表了关于项目化学习的论文，并带队组织学生参

加科创比赛获奖。

海事大学散货船项目涉及"输送带""齿轮"等的研究,顾老师把"齿轮"的探究研讨搬到了课内,与孩子们一起上了一节"齿轮"主题的探究课,获得了上海市中青年教师课堂教学评比探究型课程一等奖、浦东新区特等奖。

(四)形成新的德育课程,编撰完成课程手册,丰厚学校德育活动课程体系

学校的德育课程体系需要整理构建,更需要有丰富的内容进行充实,学校根据校园吉祥物已经构建了"慧点优乐多"系列课程,其中乐乐系列课程

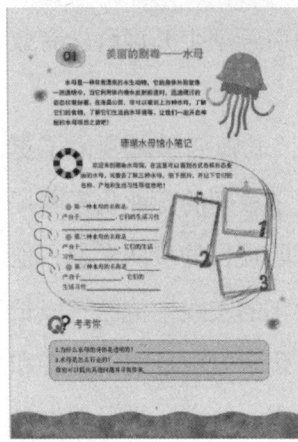

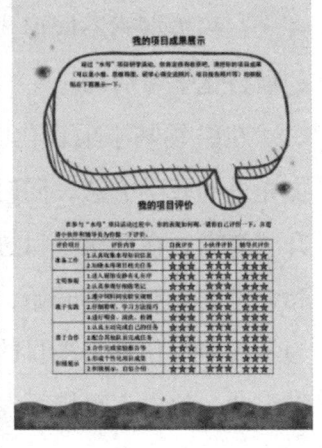

中有"迷人海洋+绚丽太空"内容，而我们此次开展的基于项目化学习的海洋文化系列德育课程就成为丰富"迷人海洋"系列课程的重要补充。

我们对这门课程进行了课程性质、培养目标、课程属性、课程类型与内容等方面的整理构建，并组织参加项目的各位指导老师进行项目手册具体内容的撰写，从而形成了较为完整的《海洋文化德育课程活动手册》，手册从"海洋生物大探秘、航海知识我知道、海洋科技我来学"三个系列进行细致的活动导向构架，成为给予后续的学生组织开展类似项目的重要学习和实践材料。

（五）成为学校课程变革的实施元素，丰厚学校办学特色，促进学校科学快速发展

学校要紧随时代不断变革实现现代化、科学化的发展，最好的途径就是落实课程的变革。如何改变教与学的方式的转变，从而促进新型教与学的行为发生，学校需要找到真正的实施元素。

项目化学习是一种新型的教学方式，它不是学科的活动化，而是学科核心知识在情境中的再建构与创造，能够综合调动学生知识与技能、实践应用能力、迁移创新能力、跨领域合作沟通能力的不断发展。这是学校教育的一种理想状态，是培育创新型、复合型、能够解决未来实际问题的未来社会建设者的良好途径。

学校的发展目标是建设"温暖、优雅、有创意的智慧成长乐园"，"有创意""智慧成长"等核心词无不体现出学校进行创新精神培育、科创特色发展的思想。基于项目化学习的德育活动课程的深入开展，成为点燃学校活力、彰显学校特色的星星之火。在广泛深入开展本项目的基础上，学校将校本课程体系进行了整体拓展和延伸，以"活动项目化、学科项目化、跨学科项目化"三个方向深入研究符合临港地区小学生开展的多个主题类型项目，全面进行基于项目化学习开展的学校课程改革。

学校深入探究基于项目化学习的课程体系，不断进行研究和辐射，获

得了领导、专家和同行的肯定，学校也成为浦东新区教育系统首批"义务教育项目化学习种子实验校"，这也将成为一个新的起点，促进学校走上更加科学快速的发展之路。

（六）从实践探索走向理论研究，形成丰厚的实践理论成果，为学校赢得良好办学声誉

真正科学的教育研究，是一个"实践探索—理论研究—进一步实践探索—进一步理论研究"的过程，推动教育走向更科学、更深入。在本项目的研究过程中，我们边实践边研究边反思，以团队研讨的方式，带动老师们进行实践和理论研究。在项目开展的两年时间里，学校形成了一大批实践理论成果，大大提升了教师的实践操作、理性思考和理论研究能力。

赵老师在带领学生开展海洋文化系列项目化德育活动的同时，不断和孩子们探索新的实践项目，并撰写了《港城植物博览会》案例，获得上海市教育科学研究院组织的学习素养·项目化学习故事二等奖。

蔡老师的论文《依托项目化学习活动培育学生创新素养》发表于专著《学生创新素养培育的浦东实践》中（华东师范大学出版社出版）。

学校从项目化学习、探究式课堂角度入手，编撰了专著《主动的学习》，里面收录了老师们大量的实践案例和理论文章，该专著已于2021年3月由上海浦江教育出版社出版。

（七）深度的合作模式，加强了家校社联系，促进了家校社教育理念和教育资源的进一步融合

家校社联合，形成一致的教育理念，共享丰富的教育资源，形成教育合力，共同教育引导学生成长发展，这是一种理想的教育状态。在研究过程中我们发现，基于项目化学习的海洋文化系列德育活动能够真正促进学生综合素养和全面能力的发展，自然也受到家长们的大力欢迎。很多参与项目的学生家长也成为我们项目的家长志愿者，陪伴孩子们全程参与活动

实践。家长们表示，他们也在这样的活动中得到了学习成长，对学校开展此类项目极为支持。

而我们结对的海昌公园、航博馆和海事大学，都倾力参与社会公益，愿意为基础教育学校提供各类场馆、各种资源，更乐于和学校一起，开发一些适合小学生科普推广的课程项目。基于项目化学习的项目开发对他们提出了更高的要求，但这是一种未来的学习方向，所以场馆提供了大量人力物力投入该课题研究中。

在各个项目结束之后，我们对学生、家长和场馆对接人进行了满意度测评。家长和场馆对接人对项目的评价非常高。

家长满意度测评结果

序号	测评内容	非常满意	满意	一般	不满意
1	对项目主题和内容	95/98%	1/1%	0	0
2	对整个项目的实践和探究过程	93/96.9%	3/3.1%	0	0
3	对自己孩子的表现和能力提升	90/93.8%	6/6.2%	0	0
4	对孩子们在项目中的分工合作	90/93.8%	6/6.2%	0	0
5	对孩子们完成的项目成果	91/95%	5/5%	0	0
6	对项目导师的指导帮助	91/95%	5/5%	0	0
7	对场馆提供的资源和指导	92/95.9%	4/4.1%	0	0

场馆满意度测评结果

序号	测评内容	非常满意	满意	一般	不满意
1	对合作的项目主题和内容	12/100%	0	0	0
2	对学校导师开展的工作	12/100%	0	0	0
3	对孩子们项目中的个体表现	12/100%	0	0	0
4	对孩子们项目中的分工合作	12/100%	0	0	0
5	对孩子们完成的项目成果	12/100%	0	0	0
6	对与学校的项目合作效果	12/100%	0	0	0

有的家长在测评表中这样评价："一次全新的尝试，结合临港地区优势资源，寓教于学，使孩子们有直观感受，又有开放式探究，在老师引导帮助下，孩子们通过思考讨论和实践尝试提交相应解决方案。这是一种值得尝试推广的方式。"

有的场馆对接人在测评表中这样评价："对活动效果非常满意，希望今后能跟学校开展常态化深度合作，每年合作开发主题课程并实施。"

四、基于项目化学习的小学高年级海洋文化系列德育活动的反思

（一）基于项目化学习的德育实践活动是一种非常好的实践尝试，是"以德为先、五育并举"的突破口和落脚点

以德为先，立德树人，这是教育的首要任务。美国著名教育家杜威提出："学校中道德教育最重要的问题，是关于知识和行为的关系。"德育，不能脱离于其他教育而单独存在，应该与智育、体育、美育、劳动教育等互相融合。2019年7月，中共中央国务院印发《关于深化教育教学改革全面提高义务教育质量的意见》，提出："坚持'五育'并举，全面发展素质教育。"德育如何与其他各育进行主动融合，真正实现"五育"并举，落实基于项目化学习的德育实践活动，是一个很好的突破口和落脚点。

在落实基于项目化学习的小学高年级海洋文化德育实践活动的过程中，学生们通过聆听、观察、感悟，生成了"人与自然和谐相处、为中国辉煌的航海历史骄傲自豪、建设海洋强国守护国家海岸线"等道德意识，而且深入地学习了解"海洋生物、航海历史、航海科技"方面的系统知识。在项目实施过程中落实"步行实践"，即学校与场馆间步行来往，在场馆中步行考察（如海事大学校园很大，往往两个实验室之间的距离就很远），锻炼了学生的体力和意志力。同时，学生们呈现的各种学习成果，要美观、科学、有创新意义和实用价值等。在活动中，学生们感触最多的还有对海昌公园饲养员、航海家等职业劳动的认识、理解和向往，感受到

各种职业的不易，也体会到唯有科学劳动才能创造更美好的生活。

基于项目化学习的德育实践活动，以丰富的活动内容和活泼的活动形式，使学生的综合能力进行了锻炼和提升，是落实"五育"并举的绝好途径，值得尝试。

（二）激发学生内动力，培育学生良好的道德认知及解决真实问题的能力，能帮助学生将来更好地走向社会、适应社会

基于项目化学习的德育实践活动，与传统的德育实践活动有很大的不同。传统的德育实践活动由学校策划组织，学生进行参与体验，并在参与中得到道德的熏陶和能力的培养。基于项目化学习的德育实践活动，是由学生选择自己喜欢的项目、选择自己喜欢的小伙伴组队、选择自己喜欢的探索形式进行的实践体验活动，学生真正成为学习实践的设计者、组织者、实践者、宣讲者。在这个过程中，他们生发出源自自身的学习动力，这种自发的学习意愿和学习兴趣，可以帮助他们更专注地投入活动中，并调动自己全部的智慧和能力去积极地解决小组要探究的驱动性问题。

基于项目化学习的德育实践活动，最终指向的是真实问题的解决，而这个解决的过程和路径全部由学生组队自己去探索、实践、完成。学生在这个过程中会面临各种各样的实际问题，比如到哪里、通过什么方式去查阅相关资料、小组成员如何分工与合作最合理、使用什么材料制作项目成果最合适、如果需要3D打印器械可以通过什么途径去获得……这一系列问题的产生和解决，就是对学生综合能力的最好锻炼和提升。能解决真实问题的学生，将来必定能更好地走向社会、适应社会。

（三）融合地域资源、走出校门的德育实践活动，更具生命活力，更有深度和广度

德育实践活动如果只是停留在校内，那么形式和内容会显得单一，学生的实践感悟也不会太深，如果能够利用好地域资源，让学生走出校门，

通过眼睛去发现，通过耳朵去聆听，通过双手去触摸甚至创造，必定会真正触动学生。

我们学校开展基于地域资源的海洋文化系列德育活动，希望学生们能够更多认识海洋生物，形成保护海洋生物的意识；希望学生能够了解中国的航海历史，感受中国几千年来深厚的航海文化；希望学生了解现代海事科技，知晓中国有强大的海事军事和现代科技，已然成为海洋强国。这样的情感意识，当学生用手触摸到可爱的海豚身体的时候，当学生登上气势磅礴的福船的时候，当学生看到真实的北极探险"雪龙号"的时候，就已经在内心自然而然地生长出来了。这样的德育活动，是最鲜活灵动的，也是突破了学校边界、有深度和广度的教育。

（四）家校社的深度合作，是现代教育的重要模式，也是重要保障

学校教育和家庭教育保持一致，形成合力，才能更好地朝着一个方向推动学生发展。社区资源的融入，是学校教育和家庭教育的重要补充，让教育更加丰富多元。现代教育背景下，家校社的通力合作是科学教育的方向和趋势。

在该项目开展过程中，我们与家庭和社区的合作更加深入，提出了更高的要求，也实践了更新的模式。对于社区的教育场馆，我们提出以下需求：与学校对接商议已经成熟的项目并开发更多新项目、入校做专题宣讲动员并接受学生采访释疑、向学生开放后场饲料间和实验室等日常不开放的场馆、由场馆专业人员专门为学生做项目指导和保障、与学校合作进行项目手册的开发等。对场馆而言，他们需要投入大量的人力和物力，并且要开发专门适应小学生的相关课程。对家长而言，我们邀请了部分家长作为志愿者陪伴学生参与整个项目，他们与老师和场馆辅导员站在了同样的位置，更加清晰直观地看到了孩子的学习成长经历，发现孩子真实存在的不足，也发现孩子可能存在的潜力，这让他们更加科学真实地评判自己的孩子，成为和老师站在同一视角的人。这样的站位，让他们更加理解和信

任学校，也积极主动地成为学校的支持者和配合者。

  项目开展促进了家校社更频繁的交流沟通、更深层的项目研究、更一致的教育观念。三位一体的合作模式，保障了教育的一致性，也成为促进学生更好发展的助推力。

后　记

　　有些事情，是有点儿命中注定的，就如我从小便认定自己是当老师的，就如从入职第二年开始担任大队辅导员，于是便扎根德育和少先队领域，认定自己生来便"应是德育人"。

　　对德育的热爱，也是不言而喻的。本书中积累的这些德育实践活动成果，都来自两所学校，一所是承载了我17年青春年华的泥城小学，在这里我放飞青春德育梦想，踏踏实实、一步一步把学校德育工作做得扎实、充实、厚实。另一所是我陷入职业瓶颈期后为突破自我而奔赴的明珠临港小学，彼时恰逢它新建校，我在那里找到一个新的起点，结合地域优势将学校德育带到了一个崭新的高度。奇妙的是，去年我接到组织调动又回到泥城小学，于是我把新思想、新模式、新理念、新突破融入"老土壤"，努力呵护、灌溉、孕育新的德育之花。

　　对德育的热爱，也源自对孩子的爱。我非常喜欢和孩子们一起，欣赏他们明媚的笑脸、肆意的笑声、奇妙的想法和灵动的双手。为他们创设德育实践活动的空间，让他们充分去自我养成、自我润泽、自我突破、自我成长，是我最有成就感的事情。

　　记得在泥城小学组织"四小寻根"活动过程中，和孩子们穿梭于芦苇荡中，一起回味着革命战争时期"芦苇荡里的枪声"，那种氛围感和使命感，让我和孩子们都对革命精神有了新的敬畏。我又和孩子们一起用芦苇编织芦苇画，扎成迎风旋转的小风车，让见证历史烽火的芦苇在传统教育中滋养现代美感。

后 记

记得在明珠临港小学组织"美丽中国、文化传承"文化节活动时，我们建设了中国美食馆、中国诗词馆、中国民乐馆、民族服饰馆等八大场馆，每一个孩子都可以手持"传统文化体验卡"，在各个场馆实践体验：到美食馆做手工月饼，品尝南瓜月饼；到诗词馆参加诗词大会；到服饰馆穿戴一下民族服饰……从孩子们的灿烂笑脸，我看到传统文化的潜然入心。

细数，已然有了26年的德育和少先队工作经历，其中有无数美好的育人瞬间一直留存在我的脑海里，成为我职业生命里最宝贵的财富，如今，它们都化为文字，呈现在本书中。

这些成果能够积聚凝结，与我这些年遇到的志同道合的良师益友不可分割。2011年我参加了特级校长洪雨露校长的德育实训基地，白发红领巾的洪校长让我领略到一代名师的风采，在他的鼓励下我完成了高级职称的评审。2018年我又加入了上海市特级校长、特级教师、正高级教师张蕊校长的基地，张校长在德育领域颇有建树，为我打开无限拓展的德育视野，基地结业后，张校长也一如既往地关心指导我，并为本书作序。2022年我又有幸来到了静教院附校特级书记倪继明书记的基地，在倪书记的引领下展望更现代的未来德育。（倪书记现已担任静教院附校校长。）我也非常感谢上海市学生德育研究中心孙红副主任，上海市中小学德育研究协会原秘书长何康老师，徐汇区教育学院教育发展研究中心秦红主任，浦东教发院德育研究指导部王宇副主任、姚瑜洁老师，浦东新区小学教育指导中心双慧红主任、曹骥副主任、张欣副主任、德育部部长姚琳姬老师等导师、领导，他们在我探索前行的德育之路上不断给予指导和帮助，为我注入了无限的成长动力。还要特别感谢泥城小学历任校长、领导及明珠临港小学王超校长，他们给予了我极大的信任支持和发展空间，让我将自己的小小德育梦想得以一一落地实现。

还要感谢很多志同道合的小伙伴：上海德育实训基地小伙伴、浦东德育中心组小伙伴、浦东小学德育领域的朋友们、两所学校的同事小伙伴等等，与我携手同行，共同迸发德育智慧。感谢我的家人，给予我生活上最大的包容和工作上最大的支持，让我专注于德育实践研究并乐此不疲。

  由于我写作水平有限，书中难免会有一些瑕疵，希望广大读者提出宝贵的意见和建议！

唐华英

2024年4月16日